유머 리더십 & 유머 마케팅
웃으면 행복하고
웃기면 성공한다

웃으면 행복하고 웃기면 성공한다.

개정판 인쇄 2009년 04월 02일
개정판 발행 2009년 04월 09일

공   저 | 박인옥, 김하진
펴 낸 이 | 유복열
책임편집 | 이태규

영업마케팅 | 김유림, 김민정
북 디 자 인 | 황애란
인터넷관리 | 윤세락, 서두원
물류배송 | 심규방

펴 낸 곳 | 도서출판 아이프렌드
주   소 | 대전시 서구 괴정동 128-7번지 연수빌딩 2층
전   화 | 서울 02)581-7370, 대전 042)522-1221
팩   스 | 서울 02)581-7372, 대전 042)535-4182
출판등록번호 | 제 103호

홈페이지 | www.ifriendbook.co.kr

정가 9,000원
ISBN 978-89-6204-105-7

저자와의 협의하에 인지는 생략합니다.
잘못된 책은 구입하신 서점에서 교환해 드립니다.

Copyright ⓒ 2009 by Ifriend
이 책의 저작권은 도서출판 아이프렌드에 있습니다.
저작권법에 의해 보호받는 저작물이므로
본사의 허락없이 무단 전재 • 복제 • 전자출판 등을 금합니다.

| 유머 리더십 & 유머 마케팅 |

웃으면 행복하고
웃기면 성공한다

공 저
박인옥 · 김하진

Prologue

우리가 살아가는 세상에는 땀이 비 오듯 하는 여름도 있고, 폭풍설한으로 몸과 마음이 꽁꽁 얼어붙는 겨울도 있다. 인생 기상예보에 언제나 '쾌청'만 있는 것은 아니다. 그러나 희망을 잃지 않는 사람은 눈앞의 고통에 집착하지 않고 다음 단계를 내다본다. '겨울이 오면 봄이 멀지 않다'는 것을 알고 있기 때문이다.

우리가 초등학교 다닐 때만 해도 교실에 다른 난방시설은 없이 석탄 난로만 달랑 하나 있어, 난로 옆에 앉은 아이는 더워서 땀을 흘리지만 그 밖에 다른 아이들은 창문 틈으로 들어오는 찬바람을 맞으며 추위에 떨기 일쑤였다. 그러다가 쉬는 시간에 운동장으로 나와 햇볕을 쪼이면 그 볕이 얼마나 따뜻하게 느껴지던지, 그 고마움이 지금도 잊혀지지 않는다.

거리에서나 사무실에서 웃고 행복해하는 사람들과 어깨를 스치면, 마치 초등학교 시절에 담장 아래서 쪼이던 햇볕과도 같은 따뜻함이 느껴지곤 한다. 게다가 텔레비전 뉴스나 신문기사를 통해 간혹 마주치는 미담의 주인공들을 떠올리면 먹지 않아도 배가 불러지는 것만 같다.

누구나 한 번 살다가 세상을 떠난다. 나는 여태껏 두 번 사는 사람을 본 적이 없다. 후회 없는 삶을 살기 위해서 가장 먼저 해야 할 일은 지난날의 좋지 않았던 기억들을 모두 지워버리는 것이다. 그런 다음 웃으면서 살아가는 방법을 배워야 한다.

웃음은 여유 있게 살아가는 길을 열어준다. 가까이 있을 땐 힘들고 벅찼던 일들도 뒤로 조금만 물러서면 마음이 한결 가볍게 느껴지는 것을 누구나 한번쯤은 체험했을 것이다.

찰리 채플린의 말처럼, 인생은 가까이에서 보면 비극이지만 한 발자국 떨어져서 보면 희극이다. 웃음에는 아무리 어렵고 힘든 상황이라도 긍정적이고 낙천적으로 생각하게 해주는 마법이 숨겨져 있다.

웃음이 풍성하고 밝으면 그만큼 사회가 건강해진다. 사는 일이 답답하고 힘들더라도, 웃으면서 문제를 검토하고 마음을 모으면 원만한 해결책을 찾을 수 있다. 또한 웃음은 전염성이 강하기 때문에 조직의 결속력을 다지는 접착제 구실까지 한다.

과거에는 잘 웃을 줄 모르던 우리나라 사람들도 최근 들어 유머에 대한 관심이 부쩍 높아졌고, 생활 속에 유머가 스며들어서인지 반짝이는 유머가 생활화된 유머리스트들이 적지 않다. 유머를 사랑하고 관심을 가진 사람이라면, 누구나 유머리스트가 될 수 있다는 증거가 아니겠는가!

또한 '리더의 조건'에 유머가 필수 요소로 자리매김 되는가 하면, 기업에서도 '유머 마케팅'이란 말이 나올 정도로 관심이 지대하다. 즐겁게 일을 할 때 생산성이 배가되고, 조직원간의 갈등이 해소된다는 것을 체험적으로 알기 때문이다.

이제, 근심과 고통을 웃음의 용광로에 태워버리고 활짝 웃어보자. 건강하고 활기찬 유머가 곳곳에서 넘쳐나면 그만큼 우리 사회가 밝아지고, 대립보다는 화합하는 분위기가 이루어질 것 아니겠는가!

이 책은 유머 감각이 없다고 고민하는 분들과 기업에서 Fun 경영에 관심이 많으신 CEO들을 위해 준비했다. 유머감각은 타고나는 것이 아니라, 책이나 강의를 통해 습득하여 얼마든지 자신의 것으로 만들

수 있으며, 신나는 일터 만들기에도 어렵지 않게 활용할 수 있는 방법이 있다. 이 책이 그런 분들에게 조금이라도 도움이 되기를 바라는 마음으로 강의를 다니는 중에 틈틈이 준비를 했다. 전해 드리고 싶은 내용은 너무나 많았지만 책의 분량을 고려하여 많이 삭제를 했으며 현장에서 직접 질문을 받고 느꼈던 것을 중심으로 정리해 보았다. 막상 책으로 내려니 부족한 것도 많았고 아쉬운 것 점도 있었다. 부디 이 책이 유머를 사랑하시고 관심이 있는 분들께 많은 도움이 되기를 바라는 마음이다.

마지막으로 이상헌 선생님, 박인호 회장님, 황태호 소장님, 김진배 원장님, '기쁨세상' 가족들과 이 책을 만드는 데 수고하신 도서출판 아이프렌드 직원분들께 이 자리를 통해 감사의 말씀을 전한다.

유머강사
박인옥 愛好朴

 · Prologue ·

    삼성경제연구소 설문 결과에 따르면, 국내 최고경영자들은 직원을 채용할 때 '유머가 풍부한 사람에게 후한 점수를 준다'고 응답했다. '유머가 풍부한 사람을 우선적으로 채용하고 싶다'는 항목에 설문참여자 631명중 50.9%가 '그렇다'고 대답했으며, '매우 그렇다'도 26.5%에 달해, 유머가 채용 여부에 긍정적인 영향을 미친다는 대답이 모두 합쳐 77.4%나 되었다.

    이러한 설문조사를 반증하듯, 우리나라에도 노래방면접, 술자리면접, 찜질방면접, 등산면접 등의 재미있는 면접을 통해 끼 있고 능력 있는 신입사원들을 발굴하기 위해 재미있는 시도를 하는 사례들이 늘어나고 있다. 매우 고무적인 일이다. 최근 우리나라 모기업의 경우, 면접 시 회사의 이미지에 맞게 캐쥬얼 복장을 착용케 하고, 또 아울러 자신의 삶을 솔직하게 표현해 줄 수 있는 친구나 애인의 동행도 환영한다고 하여 눈길을 끌었다.

    오늘날과 같은 고도 산업 시대에 단순한 기능 제품만으로는 더 이상 고급 고객을 끌어들이지 못한다. 인력시장에서도 이는 마찬가지다. 재미있고 신나는 조직이 아니면 유능한 인재를 끌어들이는 것은 쉽지 않다. 현대는 인재전쟁(The War for Talent)시대이다.

"우리는 하루에 두 시간 같이 있을 배우자를 고르는 데
6년 반을 쓰면서 하루에 여덟 시간 내지 열 시간을 함께 있을 사람을
고르는 데는 한 시간 반밖에 쓰지 않는다."
〈HR컨설턴트 밥 웬도버〉

세계적인 컨설팅회사인 맥킨지는 "디지털 시대에는 5%의 핵심인재가 95%의 보통인재를 이끌어 갈 것이다" 라고 말하며 인재의 중요성을 역설한 적이 있다.

하지만 핵심인재로 평가되는 인력의 상당수는 늘 이직 의사를 갖고 있다. 기업이 지속적인 성장을 위해서는 핵심인재의 확보 및 육성도 중요하지만 이에 못지않게 유지 및 관리도 중요하다. 핵심인재를 스카우트할 때는 물론 높은 연봉이 효과적일 수 있다.

그러나 핵심인재의 40%정도가 조직적응실패로 18개월 내에 퇴사하는 것을 보면 이를 유지할 수 있는 원동력은 연봉이라기보다는 팀워크 또는 핵심인재의 내적만족에 있다고 볼 수 있다. 따라서 편경영을 통해 동료간의 유대를 강화하고 재미있고 즐겁게 일할 수 있는 근무환경을 만들어서 일에 대한 자부심과 만족을 높여준다면 그만큼 이직률이 줄어들고 직무에 만족감을 갖게 할 수 있을 것이다. 기업이 웃어야 가정경제가 웃고 나라가 웃는다. 어려울수록 웃고 힘내어 어렵다는 요즘의 위기를 기회로 만들어가자.

행복파워 연구소
김하진

웃음은 경쟁력이다

웃음은 즐겁고 기쁘고 만족한 감정의 표현일 뿐 아니라 건강법으로도 각광받고 있다. '웃음요법(Laughing therapy)'이라고 명명된 이 치료법은 영국 심리학자 로버트 홀덴에 의해 개발되었다. 홀덴에 의하면, 웃는 동안에는 마음이 편해지고 기뻐질 뿐 아니라 실제로 건강해지기 때문에 일석이조(一石二鳥)의 효과가 있다고 한다. 1분 동안에 흔쾌하게 웃으면 10분 동안 에어로빅이나 조깅 혹은 자전거를 타는 것만큼 근육이 이완되어 혈액순환이 잘되고, 그 결과 체내에서는 진통 성분인 엔돌핀이 늘어나고 T세포도 증가한다는 것이 홀덴의 이론이다.

운동의 필요성은 느끼지만 시간이 없는 사람의 경우도, 1분 동안 웃어서 10분 동안 운동을 한 효과가 나타난다면 웃지 않을 이유가 없지 않겠는가. 하지만 주변을 둘러보면 웃음을 잃은 어른들이 적지 않다. 세상의 풍파와 부딪치면서 웃음을 잃었기 때문이다. 그러나 크게 걱정할 일은 아니다. 사람은 누구나 웃음을 찾는 잠재의식의 능력을 갖고 태어나기 때문이다. 다만 어른들은 그것을 감추고 있을 뿐이므로, 누구나 기회만 있으면 그 능력을 발휘하여 행복과 건강을 가질 수 있다.

웃음 요법은 이런 잠재능력을 개발해서 어른의 몸 안에 감춰진 어린애의 모습을 찾아내는 치료법으로, 온 가족이 함께하거나 직장에서 조회시간에 함께 할 경우 그 자리에서 놀라운 효과를 거둘 수 있다. '미소 짓기'와 '따라 웃기'로 이름 지어진 이 치료법은 그저 자주 웃기 위한 연습이므로, 생활 속에서 자신이 웃고 싶을 때 남을 의식하지 말고 마음껏 웃도록 하자.

또 다른 치료는 마음속으로 행복했을 때를 떠올리는 '상기 요법'이다. 누구나 좋았던 때를 떠올리면 표정이 밝아지고, 얼굴에 미소가 만들어진다는 것이다. 행복했을 때 무엇을 하고 있었으며 어디에 있었고 누구와 함께 있었는가를 계속 상기하면서, 현재의 생활 속에서 그런 행복을 다시 찾으라고 홀덴은 권유한다. 돈이 들거나 힘든 것이 아니라면 나중에 웃으려고 미뤄두거나 추억으로 떠올리기 위해 접어두지 말고, 지금 당장 시행해 보자.
지금 당장…….

칼럼니스트 · 한국심리교육협회장
이상헌

유머는 세계인의 생활필수품이다

　심리학자 피아제의 학설에 의하면 사람의 정신을 빙산으로 비유하면 물밖에 나와 있는 1%의 자신(id)과 물 속에 잠겨서 있는지조차도 모르는 99%의 잠재적 자아(ego)로 구성 되어 있다고 합니다. 노력여하에 따라서 새로운 모습의 자신, 새로운 능력의 자신, 새로운 위치의 자신을 만들 수 있다는 메시지를 던져주고 있습니다. 또한 현대인은 군중 속에 고독(silence in crowd)의 피곤함에 묻혀서 바쁜 나날을 보내고 있습니다. 사막같이 건조한 사회에서 유머와 여유의 오아시스를 갈망하는 분위기 전환이 필요한 시기입니다.

　금번 박인옥 교수의 "웃으면 행복하고 웃기면 성공한다" 책은 인간의 무한한 잠재능력의 향상을 위한 사회생활의 지침서이자, 고독한 현대인에 대한 희망의 복음서로 우리 모두에게 성공적인 삶의 필수용품이 될 것입니다.

　한국 최초의 여성 유머강사인 박인옥 교수를 안지 어언 10여년이 지났습니다. 그가 지녀온 인생의 가치관은 성실과 노력과 창의력에 기초한 새로운 영역의 개척이었고 유머를 통하여 자신의 잠재능력을 비약적으로 발전시킨 대표적인 모범을 보여주시며 이상헌 선생님이 말씀하시는 기쁨세상의 메시지를 새롭게 책 속에 담아 생활 속에 유머의 꽃을 피우는 기법을 저서를 통하여 전달해 주시고 계십니다.

한국은 이제 원하지 않더라도 세계 속에서 경쟁하고 발전하여 생존하여야 되는 어려운 상황으로 빠르게 진행되고 있습니다. 이러한 때에 유머는 세계인의 생활필수품으로서 나를 다스리고, 우리를 하나로 어우르고, 세계로 향한 나라의 웅지를 열매맺게 하지만, 유머가 없으면 성공적인 세계인으로서, 리더로서 기대하기가 어려운 상황이 되어버린 것입니다. 좋은 칼은 좋은 칼집에 넣어둡니다. 유머 속에 담긴 우리의 능력, 우리들의 꿈이 활짝 펴질 수 있도록 박인옥 교수의 "웃으면 행복하고 웃기면 성공한다" 책이 여러분들의 기쁘고 성공적인 인생 길에 밝은 등불과 기틀이 될 것을 굳게 믿고 있습니다.

現 국무조정실 전문위원, 소시모 자문위원, 전 환경분석 학회회장, 이학박사
이재성

복을 불러오는 웃음 테크닉 33가지

복을 불러오는 최고의 테크닉이 웃음임에도 불구하고, 사람들은 그 사실을 잘 모른다. 사람들은 시간에 맞춰 일어나고 취침하며, 정해진 시간에 출퇴근을 한다. 하지만 시간을 정해놓고 정해진 시간에 웃는 사람은 없다. 우리가 즐겁고 기쁘게 살아가는 데 필요한 많은 요소 중 웃음은 선택이 아니라 필수다. 하지만 웃음이 점점 줄어들고 있는 것이 우리의 현실이다.

웃으면 즐겁고, 즐거우면 성공한다. 웃음 띤 얼굴이 천사표다. 천사표 얼굴은 밝은 사회와 건강한 가정 그리고 만사형통을 보장하는 증표다. 그럼, 복을 불러오는 웃음 테크닉 33가지에 대해서 살펴 보기로 하자.

TECHNIC 33
복을 불러오는 웃음 테크닉 33가지

01. 힘차게 웃으며 하루를 시작하라. 활기찬 하루가 펼쳐진다.

02. 세수할 때 거울을 보고 미소를 지어라. 거울 속의 사람도 나에게 미소를 보낸다.

03. 밥을 그냥 먹지 말라. 웃으면서 먹어야 피가 되고 살이 된다.

04. 모르는 사람에게도 미소를 보여라. 마음이 열리고 기쁨이 넘친다.

05. 웃으면서 출근하고 웃으면서 퇴근하라. 그 안에 천국이 건설된다.

06. 사람들을 만날 때마다 웃으면서 대하라. 인기 순위 1위가 된다.

07. 꽃을 그냥 보지 말라. 꽃처럼 웃으면서 감상하라.

08. 남을 웃겨라. 내가 있는 곳에 웃음천국이 열린다.

09. 결혼식에서 떠들지 말고 큰 소리로 웃어라. 그것이 축하의 표시다.

10. 신랑 신부는 식이 끝날 때까지 웃어라. 새로운 출발이 기쁨으로 충만해진다.

11. 집에 들어올 때 웃어라. 행복한 가정이 꽃피게 된다.

12. 사랑을 고백할 때 웃으면서 하라. 틀림없이 점수가 올라간다.

13. 화장실에서도 웃어라. 그래야만 모든 근심 걱정이 날아간다.

14. 웃으면서 물건을 팔아라. 하나 살 것 두 개를 사게 된다.

15. 물건 살 때 웃으면서 사라. 서비스가 달라진다.

16. 돈 빌릴 때도 웃으면서 말하라. 웃는 얼굴에 침 뱉지 못한다.

17. 옛날에 웃었던 일을 회상하며 웃어라. 웃음의 양이 배로 늘어난다.

TECHNIC 33
복을 불러오는 웃음 테크닉 33가지

18. 실수했던 일을 떠올려라. 기쁨이 샘솟고 웃음이 절로 난다.

19. 웃기는 책을 그냥 읽지 말라. 웃으면서 읽어봐라.

20. 도둑이 들어와도 두려워 말고 웃어라. 도둑이 놀라서 도망친다.

21. 웃기는 개그맨처럼 행동해 봐라. 어디서나 환영받는다.

22. 비디오도 웃기는 것을 선택해서 봐라. 웃음 전문가가 된다.

23. 화날 때 화내는 것은 누구나 한다. 화가 나도 웃으면 화가 복이 된다.

24. 우울할 때 웃어라. 우울증도 웃음 앞에서는 맥을 추지 못한다.

25. 힘들 때 웃어라. 모르던 힘이 저절로 생겨난다.

26. 웃는 사진을 걸어놓고 수시로 바라봐라. 웃음이 절로 난다.

27. 웃음노트를 만들어서 웃겼던 일과 웃었던 일을 기록하라. 웃음도 학습이다.

28. 시간을 정해놓고 웃어라. 그리고 시간을 점점 늘려라.

29. 사람을 만날 때는 웃는 얼굴로 반갑게 대하라. 기쁨과 감사함이 충만해진다.

30. 속상하게 만드는 뉴스를 보지 말라. 그것은 웃음의 적이다.

31. 회의할 때 먼저 웃고 시작하라. 아이디어가 샘솟는다.

32. 오래 살려면 웃어라. 1분을 웃으면 이틀을 더 산다.

33. 돈을 벌려면 웃어라. 5분간 웃으면 5백만 원 상당의 엔돌핀이 몸에서 생산된다.

Contents | 목차

- 프롤로그
- 웃음은 경쟁력이다
- 유머는 세계인의 생활필수품이다
- 복을 불러오는 웃음 테크닉 33가지

 1부 웃음 효과

웃으면 왜 행복한가?

웃음이란 무엇인가?	24
웃으면 왜 행복한가?	27
웃기면 왜 성공하는가?	34
웃음은 기쁨과 즐거움을 드러내는 자연스런 표현이다	39
웃음 복권, 당첨금은 무한대	42
웃음 치료	44
호호 다이어트	52

Contents

2부 유머와 인간관계

유머있는 사람을 찾습니다

유머는 무엇인가?	58
인간관계 유머	61
유머 있는 사람을 찾습니다	67
유머 넘치는 세상	71
여성의 유머	81
성공하는 남성들의 유머	85
철학이 담긴 유머	91
말과 행동이 일치하십니까?	94
유머로 열등감을 극복하자	97
유머로 하는 자원봉사	99

Contents

3부 유머 마케팅

유머 경영이 일의 효율을 높인다

- 유머는 경쟁력이다 ········ 106
- 유머는 리더십을 향상시킨다 ········ 109
- 유머로써 고객의 마음을 열어라 ········ 118
- 유머 경영이 일의 효율을 높인다 ········ 126
- 웃음과 매출 중대의 상관관계 ········ 129
- 네트워크 유머와 성공의 조건 ········ 134
- 스트레스 이용하기 ········ 140

4부 유머 기법

유머를 잘하려면 단순하게 생각하라

- 유머를 잘하려면 단순하게 생각해야 한다 ········ 154
- 유머의 종류 ········ 158
- 유머 감각을 증진시키는 방법 ········ 165
- 아이디어 발상법 - 고정관념 깨기 ········ 172
- 웃어봅시다 ········ 176

5부 부록

- 유머에 대한 질문 답변 ········ 188

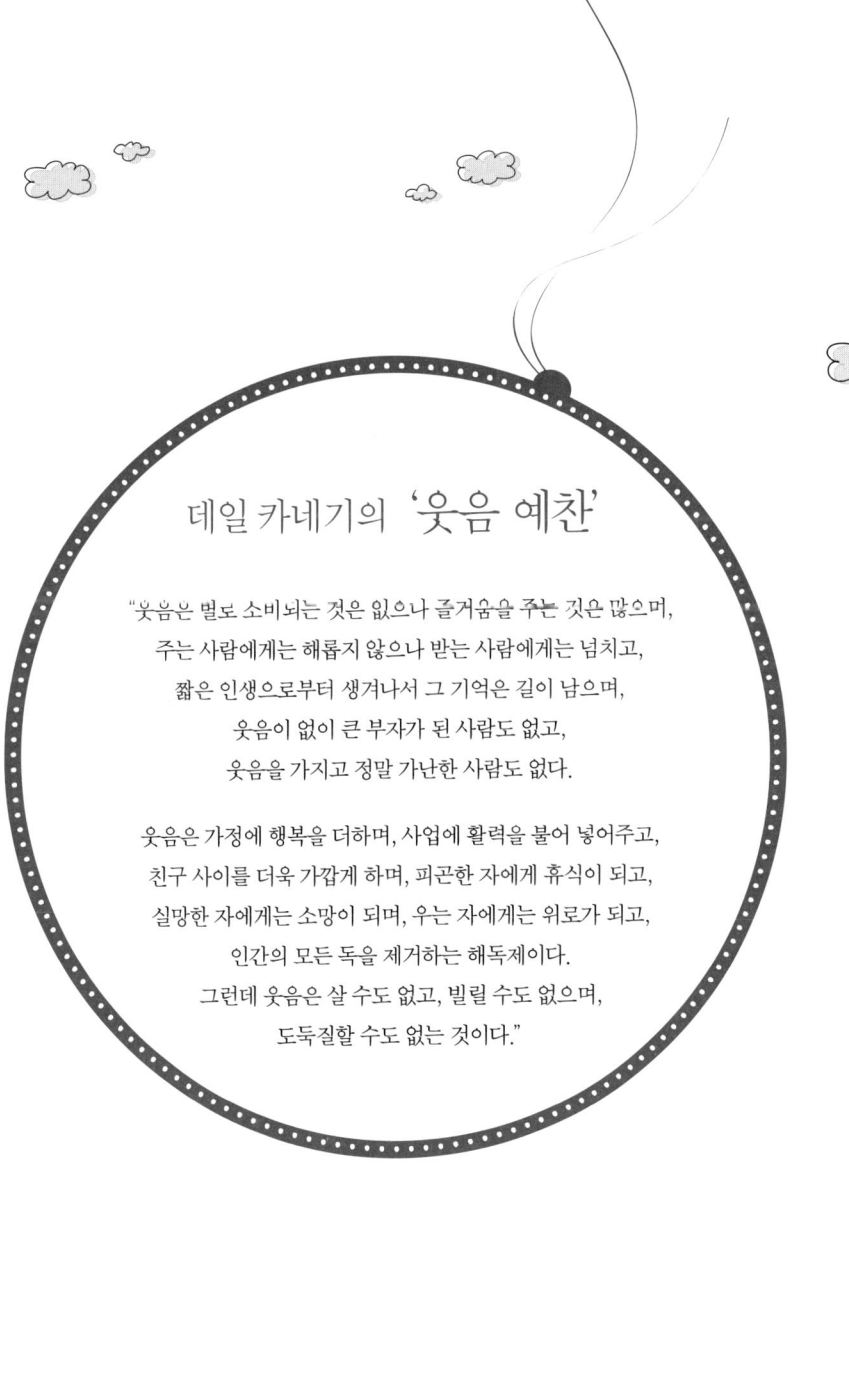

데일 카네기의 '웃음 예찬'

"웃음은 별로 소비되는 것은 없으나 즐거움을 주는 것은 많으며,
주는 사람에게는 해롭지 않으나 받는 사람에게는 넘치고,
짧은 인생으로부터 생겨나서 그 기억은 길이 남으며,
웃음이 없이 큰 부자가 된 사람도 없고,
웃음을 가지고 정말 가난한 사람도 없다.

웃음은 가정에 행복을 더하며, 사업에 활력을 불어 넣어주고,
친구 사이를 더욱 가깝게 하며, 피곤한 자에게 휴식이 되고,
실망한 자에게는 소망이 되며, 우는 자에게는 위로가 되고,
인간의 모든 독을 제거하는 해독제이다.
그런데 웃음은 살 수도 없고, 빌릴 수도 없으며,
도둑질할 수도 없는 것이다."

웃.으.면.행.복.하.고.웃.기.면.성.공.한.다.

1부 웃음효과

웃으면 왜 행복한가?

- 웃음이란 무엇인가?
- 웃으면 왜 행복한가?
- 웃기면 왜 성공하는가?
- 웃음은 기쁨과 즐거움을 드러내는 자연스런 표현이다
- 웃음 복권, 당첨금은 무한대
- 웃음 치료
- 호호 다이어트

웃음이란 무엇인가?

웃 음 [laughter]

　웃음은 횡격막의 짧은 단속적(斷續的)인 경련적 수축을 수반하는 깊은 흡기(吸氣)로부터 생긴다. 배를 움켜잡고 웃을 때 몸이 흔들리므로 머리는 앞뒤로 끄덕여지고, 아래턱이 상하로 흔들리며 입이 크게 벌어진다. 싱글벙글 웃는 것은 만족감을 나타내고, 능글능글 웃는 것은 비밀을 감추고 있는 것이며, 히죽히죽 웃는 것은 악의를 나타내는 것이다.

　또한 깔깔 웃는 것은 기품이 없음을 나타내고, 큰소리로 웃는 것은 대범함을 나타낸다. 일반적으로 유아(幼兒)나 어린이의 웃음은 신체적, 감정적이다. 즉, 간지러울 때나 배설물이 나올 경우에 흔히 볼 수 있으며, 표현은 복잡하다. 아동기 이후는 정신적, 사회적인 웃음이 많아지며 표현은 미소로 변한다. 청년기 이후가 되면 유머가 발달한다.

유머는 자기를 객관시하고, 웃음의 자료를 제공하려는 마음에서 생겨난다.

웃음 속에는 희로애락이 다 담겨 있지만, 결국 진정한 웃음은 기쁨과 즐거움의 웃음이라고 할 수 있다. '웃고, 웃지 않고의 차이'는 간단한 표정의 차이가 아니라 우리의 생명과 직결된 것으로, 건강은 물론이려니와 각 집안의 복(福)하고도 밀접하게 관련되는 엄청난 사건이라 할 수 있다.

하지만 우리나라에서는 얼마 전까지만 해도 자주 웃는 사람을 '실없다', '허파에 바람이 들어갔다', '헤프다' 등으로 부당한 대우를 받고 있는 경향이 있어 왔다. 그러던 것이 요즘은 웃음이 자신의 건강은 물론이고 타인에게까지 즐거움을 주어 밝고 명랑한 사회가 되는 데 도움이 된다는 것이 밝혀지자, 여기저기서 '웃음'의 효용성을 강조하는 분위기가 확산되고 있다.

재산이 많다 해서 반드시 부자라고 할 수는 없다. 웃음의 양, 즉 웃을 수 있는 능력과 시간이 많아야만 진정한 부자라고 할 수 있는 것이다. 실제로 건강한 모습으로 장수하는 사람들을 보면, 낙천적인 성격에다 많이 웃으면서 삶을 즐겁게 살아온 사람들임을 알 수 있다.

웃음을 이렇게 표현하기도 한다.

SMILE 16
웃음을 표현하는 16가지

- 웃음은 성공과 장수의 지름길이다.
- 웃으면 복이 와요.
- 웃는 낯에 침 뱉으랴.
- 웃음은 내면의 조깅이다.
- 웃음은 만병통치약이다.
- 조선시대에는 웃음 내시가 있었다.
- 웃음이란 사람만이 가지고 있고, 공유할 수 있다.
- 웃음은 일을 즐겁게 하게 하는 활력소이고, 교제를 명랑하게 해주는 윤활유이며, 가정을 밝게 해주는 청량제이다.
- 웃음의 반대는 스트레스다. 스트레스가 쌓이면 몸에 병이 생기고, 배꼽 잡고 웃으면 스트레스가 풀린다.
- 웃음이 있는 곳엔 항상 많은 사람이 모인다.
- 서로 웃으면서 대하면 분위기가 화기애애해진다.
- 웃음은 마음의 여유를 가져다준다.
- 웃음이 있는 곳엔 행복이 있고, 고난도 웃음으로 극복할 수 있다.
- 인상 좋은 웃음은 상대방의 마음까지 끌어당긴다.
- 웃음은 최고의 마케팅이다.
- 웃음은 상대방의 허물까지 용서하게 하는 힘이 있다.

웃으면 왜 행복한가?

　오랫동안 우울증에 빠져서 참으로 힘겨운 시간을 보낸 적이 있었다. 그러다보니 처녀 때의 편안하고 좋았던 인상이 어느새 날카롭고 불만에 가득 찬 모습으로 변해 갔고, 편해야 할 마음속은 항상 미움과 원망으로 부글부글 끓고 있었다. 주변에 있던 사람들이 하나 둘 떠나기 시작했고, 나는 하루 종일 한마디도 하지 않은 채 지내는 일이 많아졌다. 그러다보니 집안 분위기가 차츰 침침해졌고, 남편은 자꾸만 밖에서 겉돌았다. 물론 하나뿐인 아들에게도 무엇 하나 제대로 해주는 것이 없어서 늘 마음이 불편했다.

　밝은 생각보다는 어두운 생각을 많이 했고, 긍정적인 면보다는 부정적인 쪽으로 미리 결론내리는 경우가 점점 많아졌다. 생각을 조금만 바꾸면 얼마든지 기쁘고 행복한 마음으로 생활할 수도 있었을텐데, 왜 그렇게 내 자신을 들볶고 살았는지 지금은 오히려 신기하게 여겨질 정도다.

웃음은 흔히 생각하듯이 웃기는 대상을 발견했거나 즐거운 느낌을 받았다 해서 저절로 지어지는 것이 아니다. 안면 근육을 움직여 웃어야만 즐거운 느낌을 가질 수 있는 것이다. 하지만 예전에는 웃을 건더기가 없어서 웃지 않는다고 생각했었다. 행복하기 때문에 웃는 것이 아니라, 웃기 때문에 행복해진다는 사실을 알지 못했던 것이다.

기쁜 생각을 하면 기뻐지고, 행복한 생각을 하면 행복한 느낌이 든다. 기쁜 생각을 하다가 잠시 슬픈 생각을 하게 되면 어느새 표정까지 일그러져 있는 것을 볼 수 있지 않은가! 고민이라는 것도 자꾸만 거기에 집착하면 그 정도가 눈 덩이처럼 점점 커져서 감당할 수 없게 느껴지지만, 웃고 나서 다시 그 고민을 돌아보면 조금은 가벼워졌다는 것을 깨닫게 된다.

웃으면 왜 행복해질까? 그것은 자신이 안고 있는 스트레스가 해소되기 때문이다. 누가 뭐라고 하든지, 스트레스로부터 자신을 보호하는 데는 웃음만한 명약이 없다. 따라서 이 세상에서 가장 소중한 존재인 '나'를 위해 웃음을 생활해 보자. 내가 건강해야 가정이 건강하고, 사회가 건강하고, 나라가 건강해지지 않겠는가.

세상에서 가장 불쌍한 사람은 '돈 세는 사람 옆에서 속으로 같이 세는 사람'이다.

   돈 걱정을 하다가 이 유머를 떠올려보면 '그래, 걱정한다고 돈이 어디서 떨어지겠어? 될 대로 되라지' 하고 웃어버리지 않겠는가. 요즘 이효리 몸매, 전지현 몸매다 하여 다이어트 열풍이 식을 줄 모른다. 마치 살이 좀 찌기라도 하면 여자인 걸 포기한 듯한 분위기로 몰아가고 있다. 이럴 때도 열 받지 말고 다이어트에 관한 유머를 떠올리며 스트레스의 강도를 낮추는 것이 현명한 방법이다.

다이어트를 하기 위해 여러 방법을 시도해 본 아가씨가 있었다. 승마를 하면 한 달에 3킬로가 빠진다는 소리를 듣고 두 달 동안 열심히 말을 탔다. 그런 다음 저울에 올라갔다.
그런데 이게 웬일! 체중에 전혀 변화가 없는 것이었다.
하지만 알고 보니 말의 몸무게가 6킬로 빠져 있었다.

   무거운 사람을 태우고 다니다 보니 얼마나 힘들었으면 말의 체중이 빠졌을까? 이 유머를 생각하면, '그래, 무리한 다이어트는 효과가 없어. 충분한 운동과 적당한 영양 섭취를 하는 것이 더 중요해'라고 마음을 고쳐먹을 수 있을 것이다.

여고 동창회에 가보면 유난히 자랑만 늘어놓는 친구가 있다. 그 중엔 학교 때 공부도 못하던 것이 어쩌다 시집은 잘 간 모양이라고 비아냥거리는 친구가, "공부는 잘하더니 행색으로 보니 별로 잘살지 못하는 모양이군! 우등생이 사회에서도 그렇다는 보장 없지 암!" 하는 경우도 볼 수 있다. 행복은 성적순이 아니라 했던가?

STORY 03

언제나 잘난 척을 하는 민희가 에쿠스를 타고 나타나서 한 마디 했다.

"어머, 얘들아 잘 있었니? 나는 남편이 사준 에쿠스 타고 왔는데, 너희들은 뭐 타고 왔니? 영숙아! 저 빨간 소형차, 네가 타고 온 거니?"

"그래."

"빨간색이 꼭 깍두기 같다. 우리 아들하고 딸한테 하나씩 사주려고 하는데, 얼마 줬니?"

"알 거 없어."

"얼마 줬는데?"

"알 거 없다니까!"

"너무 앙증맞아서 그래. 얼마 줬어?"

"그렇게 알고 싶어? 벤츠 사니까 덤으로 껴주더라."

실제 벤츠를 샀는지 알 수는 없어도 일단 말한 사람을 오히려 무안하게 했으니 기분은 통쾌했을 것이다. 여고 동창회에 참석하면, 기분이 언짢아져서 돌아오는 경우가 적지 않다. 잘난 척해서 자존심을 건드리는 친구가 반드시 있기 때문이다. 이 경우, 화를 내지 않고도 상대방의 코를 납작하게 해줄 수 있다면 얼마나 통쾌하겠는가!

지금부터 속으로 생각하자. '화를 내면 나만 손해!' 라고.

STORY 04

내 친구 영희의 남편이 회사에서 퇴근하여 돌아와 저녁식사를 하던 중에 이렇게 말하더란다.
"다른 부인들은 돈도 잘 버는데, 당신은 왜 돈도 못 벌어?"
"여보! 모르는 소리 말아요. 내가 오늘 200만원이나 벌었다구요."
"그래? 어디?"
영희는 장롱에서 밍크 코트를 꺼내 보이더니 이렇게 말했다.
"여보! 이게 400만원 짜리인데, 50% 세일하는 데서 200만원에 샀어요. 그러니 200만원 번 거 맞죠?"

하긴 쓰지 않는 것이 버는 것이니, 전업 주부들은 자신이 집에서 돈을 벌고 있다고 생각하면 우울한 느낌이 조금은 사라지지 않을까 싶다. 주부가 우울하면 집안 전체가 우울해 진다는 사실을 늘 생각하면서 절대로 기분이 가라앉지 않도록 하자.

STORY 05

민수는 아무리 먹어도 살이 찌지 않는 체질이어서인지, 날이 갈수록 점점 더 몸이 야위어 갔다. 날씬하다 못해 뼈만 앙상해져서 본인도 이만저만 고민이 아니었다.
어느 날, 길에서 우연히 뚱뚱한 인근이를 만났다.
"야, 너는 석 달 열흘은 굶은 사람처럼 왜 그렇게 뼈만 남았냐?
외국인들이 너를 보면 우리나라에 기근이 든 줄 알겠다."
인근이는 인사 대신 이렇게 빈정거렸다.
그러자 민수가 웃으면서 한 마디 했다.
"하하, 아마도 그 기근의 원인이 너 때문인 줄 알걸?"

남이 어떻게 말하건, 화를 내지 않고 웃으면서 대처하는 것이 중요하다. 화를 내면 나만 손해니까……. 사람이 한 시간 동안 화를 내면, 그때 발생한 독소로 80명을 죽일 수 있다고 한다. 그런데 그렇게 나쁜 화를 속으로 삭인다면 얼마나 건강에 악영향을 끼치겠는가. 결국, 웃으면 행복해지는 이유는 자기 자신의 스트레스를 극복할 수 있기 때문이다.

몇 년 전에 텔레비전에서 스트레스가 얼마나 몸에 해로운지를 알아보기 위해, 쥐 두 마리를 가지고 실험을 했었다. 쥐는 눕혀놓는 그 자체만으로도 굉장한 스트레스라고 한다. 그런데 두 마리의 쥐를 눕혀

놓되, 그 중 한 마리의 쥐 앞에는 나무 막대기를 놓아주고 다른 쥐는 그냥 눕혀 놓았다. 그리고 일정한 시간이 지난 후 배를 갈라보았다. 스트레스를 받을 때마다 그나마 나무 막대기를 긁었던 쥐는 쓸 만한 내장이 남아 있었지만, 누워서 스트레스를 받고 있던 쥐의 내장은 모두 못 쓰게 되었다는 것이다. 이것은 스트레스를 받을 경우, 그냥 속을 끓이지 말고 그때그때 푸는 것이 건강에 좋다는 실험결과이다. 어쩔 수 없는 스트레스라면 웃으면서 극복해 보자.

웃기면 왜 성공하는가?

오늘날은 자기표현의 시대다. 어느 자리에 갔을 때 점잔만 빼고 앉아 있다보면, 남들이 나를 언제 어디서 만났던 사람인지조차 기억하지 못한다. 그렇게 되면 사회생활 점수는 낙제가 될 수밖에 없다. 하지만 적당히 자신을 표현하고 유머 감각을 활용하여 분위기를 이끈다면, 자신을 남에게 확실하게 인식시킬 수 있게 된다. 처음의 어색한 분위기를 유머를 통해 화기애애하게 만들고, 대화를 이끌어냄으로써 조직 내에 활력을 불어넣을 수 있는 사람이라면 성공한 사회인이라고 말할 수 있다. 유머를 섞어서 자신을 표현하면, 우리의 대화에 한층 기름기가 감도는 것을 느끼게 된다. 유머가 인간관계를 친근하게 만들고, 사람을 끌어들이는 유인작용을 하기 때문이다.

웃겨야 성공할 수 있는 시대가 왔다. 아무리 나라가 어렵더라도 대통령은 국민을 밝게 웃도록 해야 하고, 국민은 대통령을 웃게 해야 한다. 그래야 나라가 발전할 수 있는 것이다.

웃기면 성공하는 유머

STORY 06

갑자기 비가 쏟아지고 지하철에서 내린 손님들이 출구에서 비가 멎기를 기다리고 있었다.
옆에서 우산 장수는 "우산 5천 원, 우산 5천 원"을 외치고 있었는데 단 한 명도 우산을 사지 않았다.
'비싸서 그런가?'라고 생각한 우산 장수는 다시 '3천 원, 3천 원' 하고 외쳤다. 그래도 사람들이 우산을 사지 않자, 우산 장수는 방법을 달리해서 소리쳤다.
"여러분, 지금 내리는 이 비는 내일까지 멈추지 않는다고 합니다."
잠시 후, 우산은 단 한 개도 남지 않고 모두 팔렸다.

이 경우, 지금 내리는 비가 지나가는 비가 아니라 내일까지 그치지 않는다고 말함으로써 우산의 필요성을 제시했기 때문에 사람들에게 우산을 팔 수 있었던 것이다. 세일을 할 때 제품의 특징을 아무리 설명해봤자 고객은 귀를 열려고 하지 않는다. 그럴 때 장황한 설명보다는 이 제품을 꼭 구입해야 하는 필요성을 제시하는 것이 훨씬 효과가 있다는 것이다.

요즘은 목사님도 재미있게 설교를 해야 부흥이 잘 된다고 한다. 아무리 좋은 말도 너무 장황하거나 지루해지면 졸음이 오게 된다. 그럴 때 좀 재미있게 말하고자 하는 핵심을 넣어 설교를 하게 되면 웃음이 터지게 된다. 웃다보면 어느새 졸음도 저만치 가고 있는 것을 느끼게 될 것이다.

STORY 07

목사님이 설교 중에 졸고 있는 청년을 보게 되셨다.
"저어기 앉아계신 할머님! 옆에 졸고 있는 청년 좀 깨워주세요."
이에 할머니의 말씀 "아니, 자기가 재워 놓고 왜 나한테 깨우래?"
목사님이 설교 중에 이 말씀을 예화로 들며 "오늘은 제가 아무도 재우지 않고 말씀 전하겠습니다!" 한다면 모두들 웃지 않겠는가?

의사는 딱딱한 병원 분위기를 부드럽게 해야 할 의무가 있다. 유머 감각을 조금만 발휘한다면 간호사가 웃게 되고, 웃게 된 간호사는 환자들에게 친절한 서비스가 저절로 나가게 된다. 요즘은 병원도 서로가 경쟁이 심해서 병원 내에 아이들을 위한 놀이 시설을 갖추어 놓는다던지 환자를 상담할 때 의사가 환자의 긴장감을 풀어주기 위해 농담도 가볍게 건네고 있다고 한다.

내가 아는 한 이비인후과 선생님은 환자들에게 항상 미소를 짓게 한다. 그래서인지 그 병원은 언제나 몇 시간을 기다려야 진료를 받을 수 있을 만큼 환자들이 줄을 서 있다. 하루 종일 피곤할 법도 한데 가끔은 존경심마저 갖게 된다.

은행장이 아침 조회 때 은행에 맞는 유머로 아침을 웃음으로 시작한다. "어느 주부가 수표를 들고 은행창구를 찾았다. 직원이, "사모님 수표 뒤에 이서를 해 주세요." "이거 제 남편이 발행한 건데요?"
"그래도 이서해 주세요."
이에 그 부인이 뒤에 이렇게 썼다. "여보, 저에요."

이 유머를 듣고 모두 웃자 그 은행장의 말씀 한마디,
"여러분, 지금 웃었던 그 기분 그대로 오늘 하루 고객들에게 웃는 얼굴로 대하셨으면 합니다. 좋은 날 되세요."

"안으로는 선의와 따뜻함이 있고,
표현은 부드럽고 고상하여
무리 없이 웃음을 자아내는 것.
그것이 바로 유머다."

아무리 힘들고, 딱딱하기만 한 환경이라 할지라도 내가 먼저 생각을 달리하여 그 환경에 웃음을 채워 넣는다면 나로 인하여 많은 사람들이 기뻐하고 능률적으로 일하지 않을까 생각해 본다.

웃음은 기쁨과 즐거움을 드러내는 자연스런 표현이다

나는 여태껏 살아오는 동안 완벽하게 행복한 사람을 본 적이 없다. 사람마다 문제는 다르지만, 대부분의 경우 불만족스럽거나 부족한 점 몇 가지는 갖고 있기 마련이다. 이처럼 불만족스럽거나 부족한 점을 고치거나 채워 가는 노력이 삶의 과정이란 생각이 든다. 힘들고 지친 사람들이 교회를 찾고, 절을 찾고, 다른 종교 단체를 찾았을 때 탁월한 유머 감각으로 인도한다면 보다 재미있게 말씀을 경청하지 않을까 싶다. 신자들이 졸지 않고 말씀을 듣게 되는 것은 물론이고, 그곳에 가면 왠지 즐겁고 마음이 편하다고 느끼지 않겠는가.

웃음은 기쁨과 즐거움의 자연적인 표현이다. 이것은 절망이나 슬픔과 같은 정서에서는 표출될 수 없는 것으로, 마음 상태를 반영하는 바로미터라 할 수 있다.

앵커링(Anchoring)이란 심리학 용어가 있는데, 닻을 내려 배를 일정한 위치에 연결시킨다는 의미이다. 비유하자면, 과거에 있었던 나쁜 기억을 떠올리면 갑자기 표정이 일그러지는 것처럼 사람들은 과거의 잠재된 상황에 앵커링 된다는 것이다. 이제는 많은 사람들이 웃음에 앵커링 되었으면 한다. 즐거울 때 웃고, 웃다보니 행복하고, 행복해 하다보니 좋은 일만 생긴다고 믿으면서 하루하루를 살아가자. 그리하면 내 마음속이 바로 천국이지 않겠는가! 웃음이라는 단어만 떠올려도 입가에 환한 미소가 지어지도록 항상 웃음에 앵커링 되어보자.

_글귀를 고쳐야

평소에 봉사를 많이 해온 재호는 길에서 걸인을 보자 발길을 멈추고 물었다.
"하루에 얼마씩 벌고 있습니까?"
"네, 하루 종일 3천원 정도이지요."
재호는 그 걸인의 목에 푯말이 걸린 것을 보았다.
'저는 태어나서 지금까지 앞을 본 적이 없습니다. 도와주세요.'
재호는 펜을 꺼내어 푯말의 내용을 수정해 놓았다.
그런 일이 있고나서 한 달 후에 다시 그곳을 찾은 재호가 물었다.

"요즘 경기는 어떻습니까?"

"선생이 다녀가신 후로 수입이 몇 배로 늘었습니다. 도대체 뭐라고 쓰셨던 겁니까?"

"아! 별것 아닙니다. 저는 단지 감성을 자극했을 뿐입니다. '겨울이 오고, 하늘에선 하얀 꽃이 내리건만 저는 그것을 볼 수가 없습니다'라고요. 남과 같아서는 살아남을 수 없지요. 그것이 제 철학입니다."

같은 말이라도 듣는 사람의 감성을 자극하는 말이 있고 너무나 상투적으로 들리는 말이 있다. 이왕이면 우리가 쓰는 말을 조금씩 변화시켜보는 것은 어떨까?

웃음 복권, 당첨금은 무한대

요즘 여기저기에서 로또 복권을 사기 위해 줄을 서 있는 사람들을 보게 된다. 텔레비전에서 보도한 통계를 보니, 로또 복권 1등 당첨 될 확률이 20만원씩 3200년을 사야 한 번 맞는다는 것이다. 그런 희박한 행운이 내겐 일찍이 없을 것 같아서 아예 살 생각도 하지 않는다. 주변에서도 '터질 거야'를 입버릇처럼 달고 있는 사람이 있는데, 그런 얘기를 들을 때마다 나도 한 마디 한다. "네가 그렇게 되면 나도 좋겠다"라고.

세상엔 공짜가 없다. 신문을 보면, 공짜로 받은 것이 문제가 되어 구속되는 사건이 적지 않다. 그러고 보면, 세상에서 공짜만큼 비싼 것도 없다고 가르쳐주신 선생님 말씀에 공감이 간다. 복권 한 장에 일확천금의 기대를 거는 사람들에게 이렇게 말해주고 싶다.

"웃음 복권이 있는데요. 당첨금은 무한대이고요, 복권 값은 무료에요. 그 복권으로 날마다 행복을 만끽하시면 어떨까요?"

유머를 사람들에게 전하여 웃게 해준다면, 주변의 많은 사람들이 좋아하게 될 것이다. 결국 돈보다 소중한 사람들을 재산으로 얻게 될 것이므로, 당장 돈이 없어도 행복한 사람임에 분명하다. 웃음 복권을 사는 사람이 행복해질 확률은 100%라고 자신 있게 말할 수 있다.

공원에 두 할아버지가 앉아 계셨다. 한 할아버지가 입을 열었다.
"난 누가 충고를 해도 귀를 기울이지 않다보니 요꼴이 됐다우"
그러자 상대편 할아버지가 응수했다.
"에구, 난 남의 말에 너무 귀 기울였더니 요런 꼴이 됐는데.."

남의 말이라도 내게 약이 되는 말이 있고 공연히 사람의 마음을 현혹시키는 말이 있다. 그것은 상황에 따라 본인 스스로가 판단할 일이지만, 중심 없이 남의 말만 쫓아서는 문제가 있다는 것이다. 우리가 음식도 골라서 먹듯 남의 말도 골라서 들을 필요가 있다.

웃음 치료

 누구나 살아가는 과정에서 직·간접적으로 스트레스를 경험하기 마련이다. 하지만 인간에게는 그것을 해소할 수 있는 이러저러한 감정 표현 능력이 있기에 건강하게 살아갈 수 있는 것이다. 만약 세상이 불타버린 건물의 잔해나 풀 한 포기 없는 바위산처럼 삭막하기만 하다면, 우리의 삶이 어떻게 변했겠는가!

 웃음은 신이 인간에게 내린 가장 큰 축복이라고 한다. 웃음이 왜 생기며 건강에 어떠한 영향을 주는가를 과학자들은 수천 년 전부터 연구해 왔다. 최근 미국에서 나온 연구 결과에 의하면, 많이 웃는 사람은 그렇지 않은 사람에 비해 심장병 발병이 적다고 한다. 우리 몸에는 내장을 지배하는 두 가지 자율신경인 교감신경과 부교감신경이 있는데, 놀람·불안·초조·짜증 등은 교감신경을 예민하게 만들어 심장을 상하게 한다고 한다. 반면 웃음은 부교감신경을 자극해서 심장을 천천히 뛰게 하며, 몸 상태를 편안하게 해주어 긴장을 완화시켜 심장 마비와 같은 돌연사를 예방해 준다고 한다.

미국 UCLA 대학병원의 프리드 박사는 하루에 45분간을 웃으면 고혈압이나 스트레스 등 현대적인 질병도 치료가 가능하다고 소개했고, 스웨덴의 노먼 커즌즈 박사는 환자가 10분간을 통쾌하게 웃으면 두 시간 동안 고통 없이 편안한 잠을 잘 수 있다고 밝혔다.

미국의 존스 홉킨스 병원은 환자들에게 나눠주는 〈정신 건강〉이라는 책에서 '웃음은 내적 조깅(internal jogging)'이라는 서양 속담을 인용하여, '웃음은 순환기를 깨끗하게 해주고 소화기관을 자극하며 혈압을 내려준다'고 소개했다.

긴장하거나 흥분하면 얼굴이 창백하고 손발이 차가워지며 호흡이 거칠어지는데, 이것은 부교감신경이 원활하지 못해 순환이 잘 되지 않는다는 증거다. 별것도 아닌 작은 일에도 흥분하고 화를 자주 낸다면 건강하게 오래 살기를 포기한 것이나 다름없다. 따라서 건강한 삶을 유지하려면 모든 것을 긍정적으로 보고 느끼려는 태도가 무엇보다도 중요하다. 이를테면, 어떤 일이 생겨도 '그러려니…' 하고 받아들이는 사람이 장수한다는 얘기다.

웃음과 화냄은 상반된 쪽에 있는 감정이어서, 웃으면서 화를 낼 수도 없는 노릇이지만 화를 내면서 웃을 수도 없는 일이다. 내가 어느 쪽 감정에 익숙해지느냐에 따라 평균수명이 20~30년 차이가 생겨나니, 노인에게 '오래 사세요' 라는 말보다는 '웃으면서 사세요' 라고 말하는 것이 더 좋은 인사라 하겠다.

우리나라에도 근래 몇 명의 웃음치료사가 등장했는데 다양한 프로그램으로 사람들을 웃게 만들고 있다. 레크레이션 요소를 가미하기도 하고 인도의 웃음 요가처럼 다양한 웃음법을 통해 환자들을 웃게 하고 웃음치료사 과정도 실시하고 있다. 그들이 늘 말하는 것은 웃다 보면 진짜로 웃는 거와 효과는 같다는 것이다. 실제로 여럿이 모여 웃게 되면 혼자 웃는 것보다 33배의 효과가 있고, 웃을 때 쏟아나온 엔돌핀의 지속효과는 5분이 간다고 한다. 미 오하이오주 콜럼부스의 '세계폭소 투어' 를 운영하고 있는 심리학자 스티븐 윌슨은 폭소 지도자들이 처음엔 웃는척 하다가 발동이 걸리면 모두 다 신나게 웃게 된다고 말했다. 웃는다고 누가 흉보겠는가? 너도 웃고 나도 웃자!

웃음 효과

웃음 요법은 이미 실제 치료에 적용되고 있다. 독일의 이동병원에서는 매주 1회씩 어릿광대를 불러 환자들을 웃기고 있으며, 일부 기업에서는 사원들을 '웃음 세미나'에 참석시키고 있다. 또한 영국 웨스터버밍햄 보건국은 91년에 '웃음소리 클리닉'의 개설을 허가했다. 웃음을 질병 치료법으로 인정한 것이다.

웃음은 최고의 약으로서, '하하하, 호호호' 하며 소리 내어 웃는 행위, 강한 웃음은 우리 마음속의 병뿐 아니라 육체의 병도 치유하는 놀라운 능력을 발휘한다.

● 미국 듀크대학 종합 암 센터, 뉴욕 항군병원, 버몬트 메디컬센터 등의 수많은 병원에서는 유머 도서실과 유머 이동문고 등을 운영하고 있다. 뉴욕의 콜롬비아 장로교 병원에서는 코미디 치료단을 발족했고, 하버드 대학에서는 '유머 치료'를 주제로 대규모 심포지엄이 열렸다.

● 미국의 로마린다 의과대학 리버크 교수팀은 1996년에 열린 심리신경면역학 연구학회에서 '웃으면 면역기능이 강화된다'는 연구 결과를 발표해 전 세계 의학계로부터 관심을 모았다.
리버크 교수팀은 폭소 비디오를 보고 난 뒤 혈액을 뽑아 항체를 조사한 실험 결과, 병균을 막는 항체인 인터페론 감마호르몬의 양이 200배 늘어났다고 발표했다.
또한 코미디 프로그램을 보고 나면 백혈구와 면역 글로불린은 많아지고 면역을 억제하는 호르몬인 코티졸과 에프네 피린은 줄어드는 현상이 있다고 발표했다.
이는 웃음이 코티졸의 과다 분비를 방지하여 스트레스를 극복할 수 있는 힘이 생기게 한다는 것을 뜻한다.
리버크 교수는 '웃음은 대체의학이 아니라 참의학' 이라고 강조하기도 했다.

- 18년간 웃음의 의학적 효과를 연구해 온 미국의 리버트 박사는 '웃음을 터뜨리는 사람에게서 피를 뽑아 분석해 보면 암을 일으키는 종양세포를 공격하는 킬러 세포(killer cell)가 많이 생성되어 있음을 알 수 있다' 고 밝혔다.
  웃음은 그 어떤 운동보다도 운동 효과가 있으며, 인체의 면역력을 높여 심리적 안정감을 더해주므로 감기와 같은 감염 질환은 물론이고 암과 성인병을 예방해 준다는 것이다.

- 소리 내어 웃는 것은 훌륭한 유산소 운동이다. 윗 몸통, 폐, 심장, 어깨, 팔, 복부, 횡격막, 다리 등 모든 근육이 움직인다.
  생리학적으로 하루에 100~200번 정도 소리 내어 웃으면, 10분간 조깅하는 것과 같은 효과를 갖는다고 알려져 있다.
  또한 소리 내어 웃으면 통증을 느끼는 신경계를 마비시켜 진통 효과를 준다.
  웃으면 '엔돌핀' 과 '엔케팔린' 이라는 2개의 신경 펩타이드의 분비가 촉진되는데, 이것은 통증을 억제하는 물질들이다.
  87년에 코간 박사는 〈행동의학〉이란 저널에 '불편을 느낄 때 소리 내는 웃음의 효과' 란 논문을 발표하여, 소리 내어 웃는 것이 임상에서 환자의 통증을 없애준다고 발표했다.
  또한 소리 내어 웃는 웃음은 근육의 긴장을 이완시켜 주고, 교감 신경계의 스트레스를 어루만져 준다. 심호흡을 하는 것과 같은 효과가 있으며, 혈액순환도 촉진된다.

- 척추 전문의 이상호 박사가 국내 최초로 웃음 요법을 도입했는데, 그는 척추염 환자에게 항상 소리 내어 웃기를 권한다. 환자의 대부분은 잘 웃지 않는 사람들이었다고 하는데 이 박사는 환자들에게 '텔레비전의 코미디 프로를 보면서 웃으세요', '유머 책을 사서 읽으세요' 라며 소리 내어 웃는 '웃음 요법'을 처방하곤 한다.

- 웃음은 감기 예방약이다.
  웃기는 비디오를 본 그룹과 가만히 방에 앉아 있는 그룹의 침에서 1gA의 농도를 실험해 본 결과, 웃기는 비디오를 본 그룹의 침에서는 1gA의 농도가 증가하고 다른 그룹은 변화가 없었다.
  여기서 1gA은 면역 글로불린의 하나로, 감기와 같은 바이러스의 감염을 막아주는 역할을 한다. 즉 각종 면역세포들과 면역 글로불린, 사이토카인, 인터페론 등이 증가되어 있고, 코티졸 등의 각종 스트레스 호르몬이 감소되었다는 것이다.

- 웃음은 암도 치료한다. 일본의 오사카대학 대학원 신경강좌 팀은 '웃음은 몸의 항체인 T세포와 NK(내추럴 킬러)세포 등 각종 항체를 분비시켜 더욱 튼튼한 면역체를 갖게 한다. 호쾌하게 웃으면, 암세포를 제거하는 NK세포의 움직임을 활성화시킨다' 는 사실을 확인했다.
  코미디 프로를 보면 NK세포 활성화율은 3.9% 높아지고, 교양 프로를 보면 3.3% 감소한다.
  웃음은 병균을 막는 항체인 '인터페론 감마'의 분비를 증가시켜 바이러스에 대한 저항력을 키워주며, 세포조직의 증식에 도움을 주는 것으로 밝혀졌다.
  이는 사람이 웃을 때 통증을 진정시키는 '엔돌핀' 이라는 호르몬이 분비되기 때문이다.

- 불치병이 웃음으로 치유되었다는 사실을 지켜본 의학계는 치료 방법을 재검토하기 시작했다. 환자 자신의 몸속에 내재해 있는 자연 치유력을 중요하게 여기게 된 것이다.
유머 치료법, 마음 - 육체의 의학 등 새로운 시도들이 속속 선보였다.
소리 내어 웃는다는 것은 전신근육 · 신경 · 심장 · 뇌 · 소화기관을 총체적으로 움직여서 작용한다는 것이다.
손으로 피부와 근육을 마사지하는 것을 외부 마사지라 한다면, 웃음은 내장을 마사지하는 내부 마사지인 셈이다.

반면, 부정적인 사고를 할 경우에는 아드레날린이 분비된다. 아드레날린은 긴장감과 스트레스를 고조시킬 뿐만 아니라 통증을 더 많이 느끼게 하고, 모든 일에 의욕을 감소시키는 작용을 한다. 또한 아드레날린의 과다 분비는 혈압 상승을 부르며, 장기간 이런 상태가 지속되면 고혈압 · 동맥 경화 · 심장질환 · 중풍 · 암 등의 성인병으로 연결되기 쉽다.

웃음은 의학적인 가치뿐만 아니라 우리 생활의 활력소가 된다. 겉모습을 아름답게 해주는 것은 물론이고 인간관계를 친밀하게 해주며, 사회적으로 성공의 밑거름이 되게 하는 역할을 한다. 또한 감정을 발산시켜 감정을 순하게 정화시키는 데 탁월한 효과가 있다. 웃음은 사람과 사람의 마음을 이어주는 데 큰 역할을 한다. 웃음이 가득찬 밝은 얼굴은 자석처럼 사람의 마음을 강하게 끌어당긴다.

STORY 11

"난, 미국에서 태어나지 않기를 정말 다행이라고 생각해"

"아니, 왜?"

"내가 영어를 전혀 못하잖아."

유머는 때론 어린 아이와 같은 순수함을 드러내 준다.

STORY 12

철수는 평소 건강이 좋지 않아 병원을 찾았다.

의사는 진료를 마친 후 환자를 나무랐다.

"그토록 방종한 생활을 했으니 이렇게 되는 게 당연하죠. 앞으론 여자, 술, 담배를 멀리 하세요"

"감사합니다."

나가려는 환자에게 의사가 "아니, 돈을 지불하셔야죠?"

"뭐라구요? 아니 받아들이지도 않을 충고에 대해 왜 돈을 지불하죠?"

호호 다이어트

웃음이 다이어트에 도움이 된다는 연구 결과가 나왔다. 미국 테네시주 내슈빌의 밴더빌트대학 연구진이 그리스 아테네에서 열린 유럽비만회의에서 발표한 자료에 따르면 10~15분 웃을 경우 중간 크기 초콜릿 1개에 해당하는 열량을 소모하는 것으로 나타났는데 개인의 체중이나 웃음의 강도에 따라 다르지만 최고 50칼로리에 해당하는 것이다.

연구는 45쌍의 남-남(7쌍), 남-여(21쌍), 여-여(17쌍) 커플을 상대로 웃음과 칼로리 소모 관계를 정밀 측정하는 방식으로 이루어졌다. 연구진은 호텔 방 형태로 특수 제작된 신진대사 실험실에서 코미디 비디오 프로그램과 일반 프로그램을 보여주며 휴식을 취할 때와 웃지 않고 비디오를 시청할 때, 웃으면서 시청할 때의 소비 열량을 측정했다.

특히 연구진은 의도적인 웃음을 막기 위해 실험 대상자들에게는 다양한 비디오 테이프를 볼 때의 감정 반응을 테스트하는 것이라고만 밝혔다. 실험 결과 웃을 때는 평상시 보다 20% 이상 많은 열량을 소모하는 것으로 나타났다.

"하루에 10~15분씩만 웃어도 1년에 2kg의 체중감량 효과가 있다"고 말했다. 생리학자들은 웃음이 운동이나 아이스크림 섭취를 줄이는 것 보다는 체중 감량에 아주 효과적인 방법은 아니지만 나름대로 가치가 있다고 말했다.

한바탕 웃으면 5분 동안 에어로빅을 한 것과 같고, 10초 이상 배꼽을 잡고 웃으면 3분 동안 힘차게 노를 젓는 것과 같으며, 15초 동안 호탕하게 웃으면 3분 뛰는 것과 같다고 하니 웃음이 다이어트에 효과가 있다는 것은 당연한 일이다.

미국에서 최고로 인기가 있는 다이어트 프로그램 중에 호호 다이어트가 있는데 미국만도 1000여개. 전 세계적으로는 3000여개에 이른다. 호호 다이어트의 원리는 간단하다. 무엇을 하든 웃으라는 것. 밥 먹기 전에도 하하하 웃고, 운동을 하면서도 하하하 웃으며 하는 것이다. 밥 먹기 전에 웃으면 훨씬 이성적으로 밥을 먹기 때문에 적당량만 먹게 된다는 것이다.

STORY 13 _착각

"네가 어째서 그렇게 남자들 사이에 인기가 좋은지 알 수가 없어!"

"그야, 내 머리가 좋아서겠지."

"아닐걸?"

"그럼 몸매가 좋아서?"

"아니, 바로 너의 그 순진한 착각 때문인가봐!"

1부 웃음효과_55
웃으면 왜 행복한가?

웃.으.면.행.복.하.고.웃.기.면.성.공.한.다.

유머 있는 사람을 찾습니다

- 유머는 무엇인가?
- 인간관계 유머
- 유머 있는 사람을 찾습니다
- 유머 넘치는 세상
- 여성의 유머
- 성공하는 남성들의 유머
- 철학이 담긴 유머
- 말과 행동이 일치하십니까?
- 유머로 열등감을 극복하자
- 유머로 하는 자원봉사

유머는 무엇인가?

'아무래도 나는 유머를 못해' 하고 자신 없어하는 사람들이 적지 않은데, 그 이유를 살펴보면 '관심 부족' 인 경우가 대부분이다. 그런 사람들은 대개 성격이 소극적이거나 고지식한 경우가 많다. 하지만 소극적인 사람은 매사에 꼼꼼하고 고지식하며 합리적이기 때문에 매사에 정도(正道)를 걸어 갈 것이다. 따라서 조금만 관심을 기울이면 얼마든지 유머를 즐길 수 있다.

또한 소극적이거나 고지식한 사람들은 스트레스를 외부로 분출하지 못하고 속으로 삭이는 경우가 적지 않은데, 그렇게 되면 건강을 해치기 쉽다. 따라서 자주 웃는 것이 필요하다. 억지로라도 웃는 흉내를 내면, 건강에 좋다고 하지 않는가! 유머를 할 수 없다면, 다른 사람의 유머를 듣고 마음껏 웃어보는 것은 어떨까?

'유머는 무엇인가?' 라는 질문을 자주 받는데, 그럴 때마다 필자는 '유머란 한 마디로 고정관념을 깨는 것' 이라고 대답한다. 강의 중에 '물 한 컵으로 목욕하는 방법' 을 물으면 한결같이 '칙칙이에 넣고 뿌린다', '수건을 적시어 닦는다', '마셔버린다' 라고 대답한다.

필자가 원하는 답은 (손으로 크게 원을 그리며) '이만큼 큰 컵에 들어가 목욕을 한다' 이다. 사람들의 고정관념 속에는 평상시에 늘 사용하는 작은 컵만 들어 있기 때문에 그런 대답이 나오는 것이다. 호기심과 관심을 가지고 남들이 생각하지 못하는 답을 찾아보자. 그러면 어느 순간에 유머리스트가 되어가고 있는 자신을 발견하게 될 것이다.

유명한 학자 아인슈타인 박사도 "나의 유일한 학교는 유머였습니다"라고 말했다고 한다. 창의적인 사고가 유머와 일치하기 때문일 것이다. 순간순간 유머를 즐기려면 독창적인 견해, 즉 습관적인 사고에서 벗어나야 한다. 말하자면 변화를 찾아야 하는 것이다.

나는 유머 감각이 너무 없는 것이 아닐까? 남들이 유머를 말해도 무슨 뜻인지 이해가 되지 않아 웃지도 못한 채 옆 사람에게 묻거나, 어쩌다 들은 재미있는 얘기도 내가 하면 썰렁해지기만 하니, 문제가 있는 것이 아닐까?

이렇게 고민하는 사람은 유머를 즐기지 못한다. 배짱이 없는 사람들은 대부분 남의 반응에 지나치게 신경을 쓴다. 그러나 남들이 웃건 웃지 않건 간에, 하고 싶은 말은 일단 하는 습관을 가져보자.

유머는 뻔뻔해야 한다. 그것이 웃기든 웃기지 않던 상관없이…….

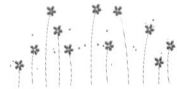

"인간은 뜻밖의 일을 겪을 때 웃는다."
〈마르세르 파뇨르〉

✽

웃음의 한 요소인 '뜻밖의 일'은 놀라움과 밀접하게 연결되어 있다. 또한 그러한 상황이 웃음의 동기가 되기 위해서는 많은 조건이 갖춰져야만 한다. 그 많은 조건 가운데 '의외성'과 '순수성'이 대표적인 조건이라 할 수 있다.

STORY 14

4살짜리 조카가 "엄마! 물이 영어로 뭐야?" 하기에 엄마가 "물은 워터야"
했더니 조카가 "아냐 엄마 물은 셀프야" 그러기에 한바탕 웃었다고 한다. 어린이다운 순수성이 묻어있다.

초등학교 1학년짜리가 논술 공부를 하는데 문제는 "친구와 약속을 어겼을 때 어떻게 해야 할까요?"였다. 아이가 쓴 것을 보니,
"싹싹 빈다."
였다고 한다. 아이들의 생각에 웃지 않을 수 없다.

인간관계 유머

인간관계를 원만하게 발전시키는 화술

　훌륭한 대화는 눈과 귀의 접촉을 통해 우리 자신을 정확하게 인식시키는 기술이다.
　'상대방을 똑바로 쳐다보면서 주의 깊게 귀를 기울여보자.'
　이것은 효과적인 대화를 위한 기본조건이다. 그리고 함께 생각해 보고 싶은 다른 조건들도 여러가지 있다. 어떤 것들은 너무 당연한 사실이어서 말로 표현하는 것조차 어리석게 느껴지지만, 너무나 많은 사람들이 잘 알고 있으면서도 전혀 사용한 적이 없다는 놀라운 사실도 알게 될 것이다. 원만한 대화를 나누고 사람들에게 좋은 느낌을 주기 위해 알아두어야 할 점이 무엇인지 생각해 보자.

● 먼저 정확하게 자신을 소개한다.

마주 보고 말하든 전화로 얘기하든, 먼저 자신의 이름부터 밝히는 것이 상대방에 대한 예의다.
"만나서 반갑습니다. 저는 신뢰를 생명처럼 여기는 김길동 입니다."
혹은 전화를 받고서, "안녕하세요? 지금 이 시간에도 열심히 일하는 김길동 입니다." 자신의 특징을 앞에 붙여서 밝히는 것이 상대방에게 자신을 알리는 좋은 방법이 된다.

● 상대방의 이름을 기억한다.

이것은 인간관계에 있어 가장 중요한 예의다. 상대방이 자신을 소개하면, 주의 깊게 듣고 그의 이름을 불러주면서 인사를 나눈다.
"배용준 씨, 만나서 반갑습니다."
또한 구면인 사람을 다시 만나게 되었을 경우, 상대방을 기억하고 있다는 느낌을 주면서 인사를 하면 친밀감을 느끼게 된다.
"그때 목소리가 좋으셨던 정우성씨, 반갑습니다."
명함을 건네받았을 때는 바로 집어넣지 말고 잠시 관심이 있는 듯이 들여다보는 성의를 보인다. 가령, 성함이 참 좋으시네요. 명함을 아주 이쁘게 만드셨네요 등의 말을 덧붙이는 것도 좋다. 상대방은 자신에게 관심을 보이는 당신의 성실한 태도에 감사할 것이 분명하다.

- 서로의 대화 중엔 상대방의 눈을 본다. 그것은 말을 하는 사람에 대한 예의일 뿐 아니라 관심의 표현이다.

눈을 마주치고 말을 하면 말하는 내용에 확신이 생기고, 눈을 마주치고 말을 들으면 말하는 사람의 말에 가치를 두고 있다는 의미가 되기 때문이다.

- 대화시 밝은 표정과 적극적인 자세를 가져야만 사람들에게 호감을 줄 수 있다.

밝은 표정을 지으면, 그것을 바라보는 사람도 기분이 좋아지기 마련이다. 그리고 불평이나 비난의 말은 피하는 것이 좋다. 부정적인 말을 듣고 기분 좋아하는 사람도 없으며 자신의 이미지에 마이너스가 될 수도 있다.

진심으로 상대방의 생각에 관심을 기울이면 당신의 그 마음이 상대방에게 전달될 뿐 아니라, 상대방이 느끼는 신뢰 또한 당신에게 되돌아올 것이다. 만약 자신의 관심거리로만 생각이 꽉 차 있는 사람이라는 느낌을 상대방에게 준다면, 그들은 당신과 대화하는 것을 불편하게 여기지 않겠는가.

● 상대방의 말을 충분히 이해했다는 확신을 주자.

　일하면서 골치 썩이는 것 중 하나가 바로 '오해' 이다. 잘못 해석하고 잘못 이해한 데서 비롯되는 오해는 다른 어떤 이유보다도 당신을 황당하고 속상하게 만들 것이다. 상대방이 한 말을 당신 자신의 언어로 반복하면서 확실히 이해하자.

● 약속이나 시간은 꼭 지키자.

　지키지 못한 약속이나 지각은 '그 일이 나한테 중요하지 않다' 는 것을 행동으로 보이는 것이다. 피치 못할 사정으로 늦게 될 경우 미리 연락하고, 약속을 어겼을 경우 이유를 솔직히 설명하고 언제쯤 도착할지를 정확히 밝히자. 인간관계는 조금만 신경을 쓰면 개선이 될 수 있고 호감 가는 사람으로 남길 수도 있다.

● 다른 사람의 입장을 먼저 생각하자.

　사람들이 무엇을 원하는지 그리고 당신과 무엇이 다른지를 바로 알고, 상대방의 입장에서 받아들이려고 애써보자. 그러기 위해서는 우선적으로 다른 사람의 입장에서 바라보고, 생각해야 한다. 어떻게 해야

다른 사람과 가까워질 수 있는지를 깨닫는다면, 당신은 지금보다 훨씬 훌륭한 대화를 할 수 있을 것이다. 훌륭한 대화를 하는 비결은 다른 사람을 당신 곁으로 가까이 다가오게 하는 것이며, 이렇게 하는 가장 효과적인 방법은 상대방에게 자신의 가치를 느끼게 해주는 것이다.

가치 있는 존재라는 느낌과 중요한 존재라는 느낌은 인간이라면 누구나 갖고 싶어 한다. '가치 있고 중요한' 존재가 바로 우리 인간의 본질이기 때문이다. 그것은 자신의 마음을 열고 힘을 합쳐서 서로에게 도움이 되도록 노력할 때 가능해진다.

상대방에게 믿음과 성실, 그리고 유머감각을 통해 그 사람을 만나면 언제나 즐겁고 스트레스가 풀린다고 할 만큼 만나는 것이 즐겁고 유쾌하다면, 그 즐거움을 함께 나누고 싶어 하는 사람들에게 둘러싸인 자신을 발견하게 될 것이다.

STORY 15

_난제

아들: 엄마, 아빠는 왜 머리카락이 없어?
엄마: 그건 말이다 아빠가 머리를 많이 쓰셔서 그래
아들: 근데 엄만 왜 그렇게 머리카락이 많아?
엄마: 저리 가지 못해!

STORY 16

_서스펜스

환자의 방으로 들어간 의사가 잠시 후 드라이버를 달라고 했다.
그리고 잠시 후 망치와 끌도 찾았다.
환자의 부인이 너무 놀라, "아니, 내 남편의 병이 그리도 위중한가요?"
"아직 알 수 없어요. 가방이 열리지 않는군요."

밝은 표정
적극적 자세

유머 있는 사람을 찾습니다

기업에서

어느 회사에서 유머 있는 사람을 사원으로 뽑는다는 기사를 신문에서 본 적이 있다. 대부분의 기업이 실력 있고 경험 있는 사람을 사원으로 뽑는 경향이 있는데, 왜 유머 있는 사람을 뽑는 것일까? 혹, 유머 있는 사람이 능력도 있다고 판단하기 때문이 아닐까?

기업체에서 강의를 하다보면 유독 얼굴 표정이 밝은 사람들이 눈에 띈다. 그들은 강의 중에 질문을 하면 대답도 적극적으로 할 뿐 아니라, 재치 있는 질문으로 분위기를 띄우기도 한다. 또한 그들 대부분은 자신의 생각을 먼저 말하기 보다는 상대방의 이야기를 들어주는 여유를 갖고 있으며, 풍부한 유머 감각으로 사람들을 즐겁게 해주어 분위기를 활기차게 만드는 것을 알 수 있다.

간혹 보면, 쓸데없는 우스갯소리를 유머라고 여기거나 할말이 없는 경우 아무렇게나 쭝얼거리는 소리를 유머로 취급하기도 하는데, 그것은 유머가 아니라 농담이다. 유머는 주제를 명확하게 파악하여, 말하고자 하는 내용의 핵심을 여유 있는 자세로 꼬집거나 위트 있게 풍자하는 것을 말한다.

　영업사원이 고객을 만날 경우, 반드시 좋은 일만 있는 것은 아니다. 간혹 계약을 취소하거나 구입한 물품을 반품하겠다는 고객을 만날 때가 있는데, 이때 시시비비를 가리다가 감정싸움이 일어나기도 한다. 이때 원칙만을 고수하는 영업사원은 다시는 볼 일이 없을 것처럼 극단적으로 대응하여 관계를 악화시키는 경우가 적지 않다. 하지만 유머 감각이 있는 영업사원은 재치 있는 유머로써 여유 있게 대응하여 파기된 계약을 다시 성사시키거나 훗날을 기약하는 잠재 고객으로 관계를 호전시킨다. 이것이 기업에서 유머 있는 사람을 뽑는 이유가 아닐까 싶다.

_면접시험

STORY 17

어느 회사의 면접시험이 있는 날이다.
현석이가 긴장하며 시험관 앞에 섰다.
"자네의 특기가 뭔가?"
"네, 저는 사람을 웃기는 재주가 있습니다."

> "그럼, 한번 웃겨보게!"
> 현석이는 뚜벅뚜벅 걸어가 문을 열더니 대기자들에게 이렇게 소리쳤다.
> "모두들 돌아가세요. 오늘 면접시험이 끝났습니다."

이 이야기는 실제 있었던 상황이다.

여유와 배짱이 있는 것을 좋게 여긴 면접관에게 좋은 점수를 얻어 회사에 근무하게 되었다. 이런 사람들은 입사 후에도 조직에서 인간관계를 잘 이루어가고 갈등을 잘 일으키지 않는다는게 관계자의 말이다.

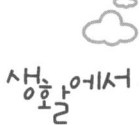
생활에서

어느 날 내가 고민이 있어 친구에게 의논을 했더니, 고민의 심각성에 상관없이 "너, 그거 유머지?" 하고 묻는다. 고민도 재미있게 표현하니 웃음이 나온다는 것이다. 친구가 웃으면서 받아주니 처음에 무거운 마음으로 시작했던 나도 그만 웃고 말았고, 고민이라기보다는 일상생활에서 일어나는 한 부분으로 받아들이게 되었다.

우리가 하는 고민의 96%가 전혀 해결되지 않을 일이고, 그 중 40%는 절대로 일어나지 않을 사건이라고 한다. 어차피 해결되지 않을 고민이라면 차라리 가볍게 넘기는 것이 낫지 않을까 싶다. 내가 하는 말이 어디까지가 유머인지에 상관없이, 듣는 순간 잠시라도 상대방이 즐거워할 수 있다면 유머를 밝히는 사람으로서 감사할 따름이다.

STORY 18

_아이의 순수

초등학교에서 선생님으로 근무하는 현자!
아이들이 다 가고 난 교실에서 각자가 사다 놓은 햄스터를 지켜보았다. 그 중 유난히 귀여워 보이는 햄스터를 끄집어내 톡톡 건드려 봤더니, 손가락을 물고 할퀴는 게 아닌가. 좀 더 세게 햄스터를 손가락으로 쳤더니 축 늘어져서 정신을 못 차리는 것이었다. 결국 햄스터가 죽었다. 당황한 현자가 햄스터의 주인이 실망할 것이 두려워 잽싸게 시장으로 달려가 비슷하게 생긴 햄스터를 구해다 통에 넣었다.
휴~ 큰일 날 뻔 했네.
얼마 뒤 어느 학생이 쓴 일기를 보고 현자는 고개를 들지 못했다.

'월요일 날씨 맑음.'
오늘 나의 햄스터가 이상하다. 매일 먹이를 줬을 때는 괜찮았는데 하루 굶기니까 암놈으로 변했다.'

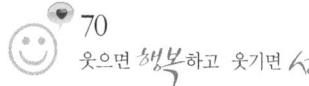

유머 넘치는 세상

어느 모임에서 한 분이 '인간은 왜 사는가?' 에 대한 주제로 강의를 한 후 시를 읊어주셨다. 시의 제목은 '없는' 이었다.

```
가로수 없는 거리 : 쓸쓸하지.
창문 없는 집 : 깜깜하지.
아이 없는 집 : 심심하지.
내가 없는 세상 : ?
```

나는 순간 유머 없는 세상을 떠올려보다가, 반대로 '유머가 넘치는 세상 행복하지' 라고 시 끝에 붙여보았다. 없을 때를 생각해서 '있을 때 잘해!' 라는 노래가 있듯이, 유머를 누군가가 전해주면 많이 웃고 즐거워하는 것이 행복하게 사는 방법 중 하나가 아니겠는가.

유머가 넘치려면 누구나 유머를 어렵게 생각 말고 하나씩 활용해 보는 것이 중요하다. 유머를 한마디 하려면,

SMILE 07

유머 활용법 07

1. 상대방에게 맞는 유머를 한다.
   군대도 다녀오지 않은 대학생들에게 군대 얘기를 한다던지, 야구에 전혀 관심이 없는 여성에게 프로야구 얘기를 하는 건 상대방을 생각하지 않은 유머다.
2. 정치인이 앉아 있는데 정치인을 비방하는 유머를 한다든지, 아이들에게 성인 유머를 하는건 상황을 고려하지 않은 말이다.
3. 사투리를 적절히 섞어서 하면 유머가 더 맛깔스럽다.
4. 시간, 장소, 상황 (T.P.O)에 맞게 해라.
5. 시대에 동떨어진 유머는 피한다 - 요즘은 참새 시리즈, 만득이 시리즈는 재미없어 한다. 즉 유머도 시대에 따라 변한다는 것.
   전에는 엿장수가 가위를 몇 번 칠까? 하면 당연 엿장수 맘대로가 답이었다. 그런데 요즘은 '엿 다 팔릴 때까지' 가 맞는 답이다.
6. 너무 노골적인 표현은 피하자 - 때로 같은 유머라도 하는 사람에 따라서 강도가 더 강해 보이기도 하고 좀 정제된 느낌도 들지만 아무래도 너무 노골적인 표현은 상대방의 이미지 하락까지 올 수 있으니 가능하면 덜 노골적인 표현으로 하자.
7. 슬랩스틱 - 넘어지고 자빠지고 등 상대를 당혹하게 만들거나 곤경에 빠뜨리고 웃는 등의 유머는 피하는 것이 좋다.

세상에서 가장 무서운 것

얼마 전에 모 은행에서 강의를 하기 위해 강의실에 들어갔을 때의 일이다. 모두가 이미 쿨쿨 잠을 자고 있었다. 담당자가 당황하여 큰 소리로 박수를 치고, 예쁘게 생긴 여직원들이 잠자는 사원들을 깨웠지만 좀처럼 눈뜰 생각들을 하지 않았다. 며칠 밤샘 작업을 해서라고 하니, 이런 상황에서 강의를 한다는 것은 무리라는 생각이 들었다. '죄송합니다'를 반복하는 담당자에게 차라리 10분의 수면시간을 주겠다고 했다. 세상에서 가장 무거운 것이 눈꺼풀이라고 하던데…. 그걸 들어 올린다는 것이 지금은 무리였다.

10분 후 강의는 시작되었고, 끝나는 순간까지 언제 잠을 잤냐는 듯이 모두가 밝게 웃는 가운데 강의를 진행할 수 있었다. 여유를 가지면 어떠한 상황도 극복할 수 있다는 것을 다시 한번 확인하는 순간이었다.

요즘은 웃음 강좌나, 유머강좌를 꼭 저녁 마지막 프로그램이나 점심 직후에 넣는다. 몇 번 해보고 요령이 생겨서 시작 전 간단한 스트레칭이나 레크레이션을 가미시키니 잠을 자는 사람은 없다. 웃음은 듣는 사람으로 하여금 유쾌, 상쾌, 통쾌하게 하는데 잠을 자는 사람이 어디 있을까?

내가 웃기는 얘기 하나 해줄까?

모임에 나가면 친구들이 내게 유머의 소재를 주겠다고 여기저기서 들은 유머를 전해준다. 나는 이미 다 알고 있는 유머라도 배꼽을 잡고 웃는다. 그래야만 말하는 사람이 흥이 나는 것은 물론이고, 이렇게 반응을 보여주는 것이 유머의 매너이기 때문이다.

간혹 유머를 하는 중간에 '그 얘기 나도 알아요' 하면서 분위기를 썰렁하게 만드는 사람들이 있는데, 이것은 유머에 관한 한 매너 있는 행위가 아니다. 웃기는 얘기는 누구든지 전해줄 수 있는 것으로, 중간에 무안을 당하게 되면 다시는 유머를 전하고 싶은 생각이 나지 않을 것이다.

상대방이 모처럼 용기를 내서 유머를 했을 경우, 간혹 그 얘기가 크게 재미있지 않더라도 마음을 활짝 열고 웃을 수 있는 마음의 여유를 가져보면 어떨까 싶다. 덜 웃기는 유머나 이미 알고 있는 유머라도 모두가 즐겁게 웃다보면 분위기가 환해져서 서로가 친밀감을 느낄 뿐 아니라, 서로를 이해하려는 마음까지 생기지 않겠는가. 많이 웃어주자. 무조건 웃어주자. 웃어서 손해 볼 일은 없을 테니까.

"참된 유머는 머리에서 나오는 것이 아니라 마음에서 나온다.
또한 그것은 웃음에서 나오는 것이 아니라,
훨씬 깊숙한 곳에 있는 조용한 미소에서 나온다."
〈칼라일〉

STORY 19

양주동 박사가 어느 곳에서 강의를 하시는데 맨 앞에 앉아 있는 학생이 손을 번쩍 들며,
"박사님 그 내용 지난번에 하신 건데요!" 라고 말했다.
박사님은 껄껄 웃으며, "이보게 하물며 소 뼈다구도 몇 번씩 우려먹는데 내 얘기 두 번 들었기로서니.." 하시니 그 학생 얼굴이 벌개져서 고개를 들지 못하더란다. 유머는 이처럼 어떤 상황에서도 초연해 질 수 있게 하는 묘한 매력도 있는 것 같다.

2부 유머와 인간관계_75
유머있는 사람을 찾습니다

키워 준 값이 얼마인데요?

어릴 적에 친척들이나 손님들이 오셔서 주신 돈을 엄마에게 맡기면 다시 돌아오는 법이 없었다. 아이들과 게임방에 가기 위해 '엄마! 친구들이랑 게임방 가게 저번에 맡긴 돈 줘요' 하면, 엄마는 거의 주신 적이 없고 되려 공부나 하지 웬 게임방에 가냐고 호통치시곤 한다. 그땐 그렇게 말하는 엄마가 참으로 야속하게 여겨졌었다. 요즘 가정에서 뿐만 아니라 직장에서도 '키워봤자 소용없어' 라는 소리가 난무하다. 모르는 것이 많은 햇병아리를 키워놨더니, 결국 그 자리를 차고 올라온다는 것이다. '키워놨더니' 하고 말하면, 아마도 요즘 세대들은 '제대로 키워놓지 그랬어요? 하고 반문할지도 모른다. 하지만 자식을 키우는 부모가 되고 보니, 제대로 키운다는 것이 얼마나 어려운 일인가를 새삼 느끼게 된다.

유머강사가 되려면 어떻게 해야 하는지를 묻는 분들이 간혹 있다. 나는 나름대로의 방법을 일러드린다. 그러다가 '키워주실래요?' 하고 물으면, '저도 아직 못 컸어요' 라고 대답하며 웃어버린다. 여기저기서 나를 키웠다는 소리가 들린다. 너무나 감사한 일이다. 키워준 값을 말씀하신다면, '감히 값으로 따질 수 없다' 는 말밖에 드릴 수 없을 것 같다. 강사 초창기 시절 내가 힘들 때마다 늘 용기를 주시는 선생님께 감사의 전화를 드리면, 선생님은 웃으시면서 어김없이 희망의 메시지를 주신다.

"다 내 자식들인데, 고마울 게 뭐 있냐? 잘될 거다."

이러한 선생님의 마음이 바로 부모의 마음이 아닐까 싶다. 그러고 보니 어느 새 유머를 강의한 지도 10년이란 시간이 흘렀다. 얼마 전 기쁨세상이란 모임에서 10년 기념 축제가 열렸는데 가슴이 찡해졌다. 어설프게 남을 즐겁게 해 드린다고 실수 한 것이 어디 한 두번 뿐이랴? 실수하면 다시 검토하고 연구하기를 반복하니 요즘에야 내 길에서 제대로 하고 있다는 소리를 듣는다. 여기저기서 내 연락처를 소개받아 의뢰가 들어오는 것을 보면서 처음 시작하던 때를 떠올리고 겸손한 마음으로 돌아가 본다.

STORY 20

_상대성 원리

호텔 지배인이 복도를 지나다가 슬픈 얼굴을 하고 있는 구두닦이를 만났다.

"어이 왜 그리 슬픈 얼굴을 하고 있나? 나도 젊었을 땐 구두닦이를 했었네. 그런데 이렇게 훌륭한 호텔 지배인이 되지 않았나? 이런 것이 자유경쟁 사회의 원리 아닌가?"

구두닦이가 자신 있게 말했다.

"저도 과거엔 큰 호텔의 지배인이었죠. 그런데 지금은 구두를 닦고 있으니 자유경쟁 사회의 모순이죠."

10원짜리 동전, 버릴까요?

지하철에서의 일이다. 옆에 앉은 어린이가 엄마에게 물었다.
"엄마, 주머니에 있는 10원짜리 동전이 귀찮아요. 그냥 버릴까요?"
아이는 엄마의 대답도 기다리지 않고 슬며시 몇 개의 동전을 바닥에 내려놓았다. 아이의 엄마는 야단은 커녕 묘하게 웃으며 아이가 하는 행동을 그냥 보고 있었다.
"아무리 돈의 가치가 없다지만, 돈을 버리다니……."
내가 동전을 주우며 한 마디 했더니, 아이 엄마가 싸늘한 눈초리로 쳐다보며 톡 쏘았다.
"뭐라고요?"
마음속으로 '나는 유머강사다' 하며 대꾸를 하지 않았다. 말이 오가다 보면 싫은 소리가 나올 수도 있기 때문이다. 상대방이 스스로의 잘못을 기분 좋게 깨달을 수 있도록 유머러스하게 지적해줄 수 있는 방법이 없을까? 이것이 많은 분들이 나에게 주신 숙제라고 생각한다.

나의 유머 강의를 들은 사람들 중, '일상생활 속에서도 유머를 즐기세요?' 라고 묻는 사람들이 간혹 있다. 나는 서슴지 않고 '네!' 라고 대답한다. 많은 사람들 앞에 서서, 거짓으로 '웃자!' 고 외쳐댈 수는 없지 않겠는가. 나는 어떤 분이든지 만나면 몇 차례 웃게 해드리고, 나 역시 웃으면서 즐거워한다. 물론 집에서도 마찬가지다. 각자의 방문 앞에 스마일 스티커를 붙여 놓고 들어가기 전 크게 웃도록 해 놓았다. 밖에서 아무리 화가 나고, 스트레스 받는 일이 있더라도 그 방에 들어가서는 모두 잊어버리고 오직 즐거운 것만 생각하고 웃자는 의도에서였다. 아이는 개그 프로나 재미있는 프로를 보면서 마구 뒹굴며 소리 내어 웃고 평소 엄격하기만 하던 남편도 요즘 들어 자주 소리 내어 웃는다. 웃음도 웃고자 하면 반드시 그렇게 변화되는 것을 보게 되었다. 가정의 행복은 곧 나라의 행복이니 각 가정에서도 웃음으로 집안 공기를 바꾸어보자.

STORY 21

_세대 차이

나쁜 짓을 한 아들이 아버지 앞에 서 있었다.
"너를 잘못 키운 나의 잘못이다."
아빠가 회초리로 자신의 종아리를 때렸다.
"아빠, 제가 잘못했어요. 흑흑흑."
20년 후 그 아들이 커서 한 아이의 아버지가 되었다.
그의 아들도 똑같이 말썽꾸러기였다. 자신의 어린 시절을 떠올리고 아들의 앞에서 자신의 종아리를 내리쳤다.
"아들아, 이 아빠가 너를 잘못 키워서 미안하다."
그 모습을 물끄러미 바라보고 있던 아들이 놀라서 뛰쳐나가며 외쳤다.
"엄마! 엄마! 큰일 났어요. 아빠가 미쳤나 봐요."

세상이 참 많이 변했다. 얼마 전 가족끼리 외식을 하고 나오는데 어느 아가씨가 친구인 듯 보이는 남자에게 거의 안겨서 입을 아~ 벌리고 있었다. 무슨 일인가 하고 보았더니 글쎄 남자친구가 이쑤시개를 들고 여자의 이 사이사이에 낀 음식물 찌꺼기를 빼주는 것이 아닌가? 아니, 저런~~ 하고 한마디 하려 했더니 아들이 "엄마 가만히 있어요." "왜?" "엄마가 못해봐서 샘나서 그렇죠?" 웃어야 할지 순간 이것이 세대차이구나 싶었다.

_명 답

아버지 : 이 녀석아! 너는 죽도 밥도 안 되고 뭐가 될래?

아 들 : 누룽지요!

여성의 유머

눈가의 주름살보다 마음의 주름살이 더 무섭다

간혹, 이런 말을 하는 사람들이 있다.
"너무 웃으면 눈가나 입 주위에 주름살이 생긴데요."
그 뒤의 말은 얼버무리지만, 주름살 때문에 되도록 웃지 않겠다는 말을 하고 싶은 것이다. 그래서인지 눈꼬리를 붙잡고 웃는 사람이 있는가 하면, 웃을 때 근육을 움직이지 않으려고 애를 쓰느라 모호한 표정을 짓는 사람도 있다. 하지만 그런 식으로 따지면 말을 하거나 음식을 씹을 때도 안면 근육을 움직이므로 주름살이 생길 텐데, 그럴 때는 어떻게 하는지 궁금하기 이를 데 없다. 아무튼 살아서 활동하는 한 주름살의 공포로부터 자유로운 사람은 그리 많지 않은 듯하다.

그러나 주름살이라고 해서 모두가 같은 것은 아니다. 활짝 웃는 얼굴에 잡혀 있는 주름살은 오히려 아름답게 보일 뿐 아니라 삶의 연륜

마저 느끼게 한다. 따라서 눈가에 생기는 주름살을 무리하게 없애려고 애쓰기보다, 마음에 잡혀 있는 주름살을 펴기 위해 활짝 웃어보면 어떨까?

사람의 신체 중에서 마음 상태가 가장 잘 드러나는 곳이 얼굴이기 때문에 얼굴 표정만 봐도 그 사람이 어떤 마음 상태인지를 짐작할 수 있다. 자기 얼굴에 책임을 지라는 것은 마음가짐·성격·생활태도가 얼굴에 드러나므로 표정 관리를 잘하라는 또 다른 표현일 것이다. 또한 얼굴을 보면 그 사람의 직업이 무엇인지를 짐작할 수 있는 것도 직업과 관계되는 마음의 포즈가 얼굴에 나타나기 때문이 아닐까 싶다.

성실함이나 정직함, 근면함이 엿보이는 얼굴 표정에서 사람들은 호감을 느끼지만, 대개는 밝은 마음이 전해지는 얼굴 표정일 때 인상이 좋다고 말한다. 밝은 표정의 경우, 대부분은 얼굴에 웃음이 어리기 마련이다. 활짝 웃는데도 주름살이 생기지 않는다면 더할 나위 없이 좋은 일이겠지만, 주름이 생긴다 하더라도 웃는 얼굴만큼 아름답고 기분 좋은 얼굴이 어디 있겠는가! 그런데도 주름이 두려워서 마음 놓고 웃지 못하거나 기를 쓰고 웃지 않는다는 것은 도리어 아름답기를 포기하는 어리석은 일임에 분명하다.

사회생활을 하는 여성들의 비율이 날로 증가하고 있다. 하지만 조직의 분위기에 잘 적응하지 못하고 힘들어하는 여성이 의외로 많다.

특히 남성들이 많은 조직인 경우, 남자들이 던진 농담에 상처를 받는가 하면 남성 특유의 분위기에 적응하지 못해서 당황하거나 실망하여 극단적인 방식으로 대응하는 사람들까지 생기고 있는 실정이다. 하지만 언제까지나 남녀 차별이니 성 희롱이니 하면서 대립하거나 언성만 높일 수만은 없지 않은가.

나는 그럴 때일수록 더욱 여유를 갖고 유머러스하게 대처하라고 권하고 싶다. 예를 들어, 회식자리에서 상사가 자꾸 술을 권했다고 하자. 이럴 경우, 웃으면서 이렇게 대처해 보면 어떨까?
"부장님, 제가 이 소주를 한 병 먹으면 몇 도가 되는 줄 아세요?"
"음, 보자... 어 23도네."
"아니에요. 졸도(卒度)예요."

술을 마시지 못하니까 더 이상 권하지 말라는 것을 비유를 통해 표현한 것이다. 이 얼마나 애교 있는 거절인가! 이와 같이 낯을 붉히거나 화를 내지 않고도 얼마든지 자신의 뜻을 밝힐 수 있다면, 조직생활을 원만하게 해나가는 데 전혀 무리가 없을 것이다. 이 비유의 의미를 알아차리지 못하는 남자라면, 업무적인 능력까지 무시해도 좋을 듯싶다.

또한 남자 직원이 술을 빌미로 은근슬쩍 손이라도 잡을라치면 이렇게 말해 보라.

"어머, 지금 미스터 김이 잡고 있는 것이 뭔지 아세요?"
"어어, 글쎄 내손이 왜 미스리 손을 잡고 있지?"
"아니에요. 이건 제 발이에요."

잡고 있는 것이 발이라고 하는데, 더 붙잡고 있을 남자가 어디 있겠는가! 남자들은 즉흥적인 성향이 다분하기 때문에 여성들이 사회생활을 하는데 어려움이 더 많다. 일하는 여성 또한 사전에 남자들의 심리를 미리 파악하고 대처하는 것이 중요하다.

성공하는 남성들의 유머

— 언제나 당당해라.

요즘 여성의 목소리가 커진 데 비해 상대적으로 남성들이 위축되었다고 하는데, 그래서인지 어깨가 축 처진 남성들이 적지 않다. 든든해야 할 가장이 어깨가 축 처져 있으면 바라보는 가족들의 마음이 아플 뿐 아니라, 아무리 세태가 변했다 해도 당당한 모습의 남자가 믿음직스러워 보이는 것은 예나 지금이나 마찬가지다.

'배가 고파서는 싸울 수 없다' 고 하는 덴마크 속담이 있다.
유머의 기본은 여유와 배짱이므로 속이 비지 않도록 해야 한다. 따라서 유머를 즐기려면 우선 식사를 거르지 말아야 한다. 배가 고프거나 컨디션이 좋지 않을 때는 평소와 달리 신경이 예민해진다. 그러다

보면 작은 일에도 괜스레 짜증을 내거나 조급증을 낼 수 있다. 여유롭고 당당해지기 위해서는 충분한 휴식과 영양이 필수 요소다.

✻ **여자들이 좋아하는 남자들의 조건**
- 유머 감각 있는 남자.
- 정력 센 남자.
- 경제력 있는 남자.

유머 감각이 있는 남자가 1위인 이유는 무엇일까? 유머의 기본 정신이 긍정적인 사고·여유·배짱·상대방을 배려하는 마음이기 때문에 유머감각이 있다면 아무리 어려운 상황도 극복해 나갈 수 있고 그런 사람은 인간관계도 좋기 때문에 조직 생활도 걱정할 것이 없다. 아마도 위기를 기회라고 오히려 좋아할지도 모를 일이다.

▬ 용돈은 넉넉히 넣고 다녀라.

직장에서 돌아오는 길에 동료들이 '한 잔 할까? 하는데, 돈 때문에 미적미적하고 있는 남자들을 보면 안쓰럽다. 돈이 없다면 유머를 즐겨라. 유머 있는 사람들은 분위기를 확 살려주므로 어느 자리에서든 인기가 있다. 공짜 술뿐이겠는가! 제발 부탁한다면서 모셔 갈지도 모른다. 세상을 살다보면 많은 걱정이 생기기 마련인데, 걱정 중에서 돈 걱정이 가장 작은 걱정이라는 말을 들은 적이 있다. 인간의 힘으로 어찌할 수 없는 일도 참으로 많은데, 거기에 비하면 돈 걱정은 노력 여하에 따라 해결할 수 있기 때문일 것이다. 돈 때문에 마음이 황폐하거나 허하게 느껴지면, '그래, 내가 은행에 100억이 있는데 찾지 않고 있을 뿐이야' 라고 생각해 보자.

- 정면으로 맞서지 말라.

어떤 상황이 닥쳤을 때 '잠깐 멈춰서 생각해!' 하고 브레이크를 거는 것이 유머이다. 누군가가 '야, 임마!' 했을 때, '뭐... 임마?' 하고 반박하는 것보다는, 오히려 웃으면서 '이 자리에 임마는 너밖에 없는데 왜 그래?' 하고 되물어라. 상대방이 오히려 민망하고 쑥스러워서 더 이상 아무 말도 못할 것이다. 이것은 의외로 쉬운 일이어서 1초만 참으면 되는 것이다.

STORY 23

_규칙 위반

과장이 신입사원에게 큰 소리로 말했다.
"이봐, 일을 하면서 왜 담배를 피우는 거야? 일할 땐 금연인 걸 모르나?"
"과장님, 전 지금 일을 하고 있지 않은데요."

🔵 눈에 띄는 사람이 되라.

- 누구나 웃을 수 있는 유머를 준비해 둔다.
- 상대가 할 말을 미리 예상해 본다. (오늘 회의에서는 무슨 주제가 나올까?)
- 자기가 꺼내고 싶은 화제로 대화를 유도한다.
  - 퇴근할 때 : '집에 다녀오겠습니다' 라고 인사를 한다.
  - 회식에서 빠지고 싶을 때 : '오늘은 사랑을 나누기로 한 날이어서 부득이하게…….'

🔵 자신을 미워하는 사람에게 더 친절해라.

어느 조직이든 라이벌이 있게 마련이다. 자신의 발전을 위해서 선의의 경쟁자는 필요하지만, 자기를 미워하는 사람이 같은 직장 내에 있다는 것은 여간 불편한 일이 아니다. 그렇다고 무작정 피할 수 있는 일도 아니잖은가. 싫은 표현을 하는 대신, 기회를 보아 넌지시 유머로 대꾸하거나 역으로 칭찬해 준다. 가능한 한 모든 사람을 친구로 만들어라!

- 항상 미소 짓는 표정을 지어라. (일이 잘되어가고 있다는 표정으로!)

- 상대의 관심사를 사전에 파악해 둔다.
- 서비스를 한다. (자판기의 커피를 한 잔 뽑아다 준다.)
  - 회사에 먼저 출근한다.
  - 칭찬을 해준다.
  - 자신 있는 억양과 말투, 거기에다 유머까지…….

(여직원이 뽑은) 추락하는 남자 사원의 이미지

- 술 냄새 풍기며 출근하는 사람.
- 여사원이 먼저 인사해야 받거나 아예 받지도 않는 사람.
- 멋진 자세로 조는 사람.
- 평상시에는 멀쩡하다가도 손님만 오면 반말을 하는 등 상식적으로 이해하기 어려운 부분이 많은 사람.
- PC도 모르면서 배울 계획이 없는 사람.
- 근무시간엔 느긋하다가 퇴근시간에 바쁜 사람.
- 생수 달라고 해놓고 커피 마시는 사람.
- 퇴근시간 임박해서 일시키는 사람.

주로 직장인으로서의 자세가 제대로 갖춰져 있지 않거나 주변 상황에 무관심한 사람에게 불만이 많았다.

STORY 24

_아니, 웬 일로?

지난밤 새벽까지 술을 마신 신입사원이 회사에 출근해서 대낮부터 책상에 엎드려서 코를 골고 있었다. 그 꼴을 지켜보던 과장이 마침내 참지 못하고 사원에게 다가가서 소리를 버럭 질렀다. 그러자 그 사원 벌떡 일어나면서 외쳤다.

"아니, 과장님! 이렇게 밤늦게 저희 집에 왠일이십니까?"

항상 당당하라

철학이 담긴 유머

철학이 담긴 유머란, 인생의 깊은 통찰력과 많은 경험에서 우러나온 주제로써 듣는 이로 하여금 깨달음을 갖게 하는 유머를 말한다. 철학이 담긴 유머를 하려면 많은 책을 읽는 것은 물론이고 풍부한 경험을 통해 지식과 지혜를 갖춰야 한다. 다시 말해서 종합적인 감각을 훈련해야 가능한 것이다.

물론 지식이 없다고 해서 웃음을 자아내게 하지 못하는 것은 아니다. 우스갯소리와 넌센스를 통해 사람들을 얼마든지 즐겁게 해줄 수 있다. 하지만 유머의 단계까지 이끌어내는 것은 쉽지 않다.

예를 하나 들어보면, 아이와 엄마가 교회 앞을 걸어가고 있는데 아이가 묻는다.

"엄마, 교회 지붕 위에는 왜 항상 더하기(+) 표시가 있어요?"

엄마가 난감해하며 대답한다.

"그건 뭐든지 보태달라는 표시겠지."

이 아이는 교회의 십자가에 대한 지식이 없다. 그래서 십자가를 더하기 표시로 본 것이다. 이런 경우, 유머라고 하지 않고 넌센스라고 한다.

_앞쪽의 비

노작 홍사용이 어느 날 우미관 앞에서 친구와 함께 집으로 가는 길이었다. 때마침 하늘에서 비가 내리자, 친구가 말했다.

"이보게, 비 맞겠네, 빨리 뛰어 가세나."

그러자 홍사용은 뛰기는 커녕 서서히 발을 떼며 넌지시 말했다.

"뛰어가다니? 뛰어가서 앞의 비까지 먼저 맞을 필요가 있겠나?"

_바뀐 자리

국어학자 권덕규는 술을 많이 먹기로 유명했다.

자기 집을 판 돈까지 모조리 술값으로 날리고는 마당에 버티고 서서 호통을 쳤다.

"네 이놈 집아, 지금까지는 내가 네 안에 살았지만, 이제는 네가 내 안에서 사는 거다. 하하하."

STORY 27

_숨기는 게 없다

처칠이 국가적인 부탁을 하러 미국을 방문했다. 호텔에서 샤워를 하고 있는데 마침 루즈벨트가 찾아왔다. 수건을 두른 처칠이 문을 여는데 어느새 수건이 도르르 흘러내리는 것이 아닌가? 당황할 줄 알았던 처칠이 웃으며,
"나 처칠은 미국 대통령에게 숨기는 것이 아무것도 없습니다!"
라고 했다.

말과 행동이 일치하십니까?

"말과 행동이 일치하십니까?"

내가 이런 질문을 하면 대부분의 사람들은 얼굴 표정이 일그러지면서 어쩔 줄 몰라 한다. 유머강사가 설마 사람을 대놓고 난처한 질문을 할까? 내가 원하는 답은 '아니오'다. 왜냐하면 말[馬]과 사람의 행동이 같을 수 없기 때문이다.

유머는 바로 발상을 달리한다는 데 매력이 있다. 사람들은 대부분 유머 감각이 없다는 이유로 유머를 아주 어려운 것으로 생각하지만, 아주 작은 것에서부터 연습을 하다보면 유머 감각을 키우는 것은 그렇게 어려운 일이 아니다. 예를 들어, 연세가 드신 어머님이 푸념하듯 '아이구, 이렇게 아픈 곳이 많으니 죽을 준비나 해야지'라고 말씀하셨다고 하자.

이때 '어머니두 참, 왜 하필 죽을 준비하세요? 이왕이면 밥을 준비하시지, 호호' 라고 말을 하는 것이다. 방금 죽어야겠다는 생각을 하신 어머니는 어처구니없어 하면서 밝게 웃으실지도 모를 일이다.

_창피해서

"아가, 시댁의 일을 밖에 나가서는 절대 말해서는 안 된다."
시어머님께서 새로 시집 온 며느리를 앉혀놓고 단단히 타일렀다.
"어머니, 그 점에 대해서는 걱정하지 마세요. 저 역시 창피해서 아무한테도 말하지 못해요."

_무지(無知)

"애야, 남들도 달에 간다고 하는데 우리도 뭔가를 해보자. 우주선을 만들어 태양으로 가면 어떨까?"
"아니, 어머님 제정신이세요? 태양이 있는 곳으로 500마일 가까이까지 가면 모든 것이 다 타서 바삭바삭해져요."
"이런 바보야, 밤에 가면 되잖아."

STORY 30

_그냥 쉬어!

며느리가 시어머님께 아이를 맡기고 여기저기 취직자리를 알아보러 다녔는데, 드디어 한 곳에서 면접시험을 보러 오라는 통보가 왔다. 면접시험장에 갔더니, 사장이 물었다.

"주부님은 전혀 직업을 가져본 적이 없는데, 5년간의 경험이 있다고 거짓말을 했군요. 왜 그러신 거죠?"

"모집광고에 머리 잘 돌아가는 사람을 구한다고 되어 있었는데, 그런 게 아니었나요?" (머리 좀 굴렸다. 왜?)

유머로 열등감을 극복하자

내가 아는 방송작가는 아주 작은 키임에도 불구하고 언제나 당당하다. '나는 한번도 작다고 생각해 본 적이 없어. 남들이 큰 거지'라고 말하며, 키가 작아서 좋은 이유 세 가지를 자랑으로 덧붙이곤 한다. 그래서인지 주변에 있는 사람들은 작은 키도 그 분이 가지고 있는 많은 장점 중 하나로 생각한다.

반면에 어느 한 분은 본인 스스로를 과대 포장하여, 남들이 대단한 사람이라고 알아주도록 내세우는 경우가 적지 않다. 하지만 그 모습을 보면, '아마도 열등감이 많아서일 거야' 하는 생각이 들곤 한다.

사람은 누구에게나 조금씩 부족하고 모자란 점이 있는 반면, 누구에게나 장점도 있기 마련이다. 인간관계에 있어서 장점을 보게 되면 단점은 그다지 눈에 들어오지 않는다. 본인 스스로가 자신의 단점에 지나치게 집착하기 때문에 오히려 남들에게 거부감을 주는 것이다.

　살이 좀 붙었으면 마음이 넉넉하고 푸근해 보여서 좋고, 말랐으면 샤프해 보여서 좋지 않은가. 키가 작으면 부지런하면서 머리회전이 빠르게 느껴져서 좋고, 머리숱이 좀 적으면 남보다 머리를 많이 써서 그런 것처럼 느껴지지 않은가. 나 역시 부족한 점이 많지만, 사람들이 모여 있는 자리를 늘 즐겁게 해주어서인지 대부분의 경우 단점을 들추기보다는 친근감을 갖고 봐준다. 어느 상황에서도 스스로 당당해질 수 있는 여유, 그것이 진정한 유머리스트가 아닐까?

STORY 31

세일즈맨이 발모제를 팔러 어느 사장님을 찾았다.
"사장님 이 발모제를 바르시면 내일부터 머리가 서너 개씩 납니다."
사장이 세일즈맨을 쳐다보니 머리가 거의 없는 대머리였다.
"이봐 자네 머리부터 나게 하지 그래?"
"사장님, 제 친구는 가슴이 없는데도 여자 속옷을 팔러 다니는데요?"

　이런 배짱이라면 어디를 가서든 미움은 받지 않을 것 같다.

유머로 하는 자원봉사

지방의 한 단체에서 '유머로 하는 자원봉사'를 주제로 강의를 해달라는 요청이 들어왔다. 나는 잠시 '진정한 봉사란 무엇일까?' 하고 생각해 보았다. 봉사란, 쉽게 말해서 남편이 식사 후에 '물 좀 갖다 줘' 했을 때 물만 갖다 주는 것이 아니라 과일까지 같이 갖다 주는 것이 아닐까라는 생각을 해봤다.

배가 고픈 사람에게는 밥을 주는 것이 가장 고마운 일이고, 돈이 없는 사람에겐 돈을 주는 것이 가장 고마운 일일 것이다. 하지만 그것보다는 그 상황을 이겨내게 하는 희망적인 말, 즉 격려와 용기를 북돋아 주는 말 한 마디가 더 중요하다고 생각한다.

나 역시 힘들고 지쳤을 때, 내가 뱉은 절망적인 말에 맞장구치지 않고 '너는 능력이 많아. 무엇을 하든 잘할 수 있을 거야. 힘내!' 라는 말에 더 큰 위로를 받고 희망을 가졌던 기억이 있다.

죄 중에서 입으로 짓는 죄만큼 큰 죄도 없다고 한다. 무심코 던진 말 한마디가 상대방에게 절망이나 상처를 줄 수 있으므로, 말은 항상 가려서 해야 한다는 뜻일 것이다. 그렇다면 상대방을 위로하거나 용기를 주는 말에 유머를 섞는다면 어떨까? 그것은 그야말로 복 짓는 일이다. 사람들에게 전해주는 유머가 웃음을 안겨줄 뿐 아니라 그 웃음을 계기로 삶에 활력과 에너지를 더해준다면, 그보다 더 큰 봉사가 어디 있겠는가! 그런 의미에서 본다면, '유머로 하는 자원봉사' 야말로 그 어떤 봉사보다도 가치 있는 일이 아닐까 싶다.

남에게 해줄 수 있는 희망의 유머

_ 기도

STORY 32

목사님과 총알택시 기사가 같은 날 세상을 떠났다.
염라대왕 앞에서 심판을 기다리는 두 사람.
잠시 후 염라대왕이 나타나서 결과를 발표했다.
"목사 자네는 지옥, 총알택시 기사는 천국. 이상 끝!"
목사는 너무도 황당하게 여겨져 염라대왕에게 따졌다.

"아니, 나는 주의 종으로서 열심히 설교하고 하나님을 믿었는데, 왜 나는 지옥이오?"

그 말을 들은 염라대왕이 대답했다.

"목사, 자네가 설교를 할 땐 모두가 졸았지만 총알택시 기사가 운전을 할 땐 모두가 기도를 했네."

> 때로는 주의 종도 시험에 들 때가 있습니다. 말씀 열심히 읽고 신앙생활 성실하게 합시다.

STORY 33

_돈, 돈 하는 이에게

돈을 영어로?: 머니(Money)

도둑이 훔쳐간 돈: 슬그~머니(Money)

계란 살 때 지불한 돈: 에그~머니(Money)

생각만해도 가슴이 찡한 돈은?: 어~머니(Money)

아이들이 좋아하는 돈은?: 할~머니(Money)

아저씨들이 좋아하는 돈은?: 아주~머니(Money)

며느리들이 싫어하는 돈? 시어~(Money)머니

STORY 34

_죽고 싶다는 사람에게

어느 사업에 실패한 사람이 죽고 싶은 마음에 여기저기 물어보았다.

2부 유머와 인간관계_101
유머있는 사람을 찾습니다

"어떻게 하면 실패하지 하지 않고 죽을 수 있을까요?"
"쥐약을 먹으면 살아나지 않고 100% 죽을 수 있다던데.."
남자는 약국으로 달려갔다.
"선생님, 쥐약 좀 주세요."
약사는 "어쩌죠? 쥐약은 없고 이게 있는데.."
약사가 꺼내 놓은 것은 '끈끈이'였다.

> 끈끈이를 보는 순간 웃음이 나와서 그 자리를 뜨고 말았다. 사람이 쥐를 죽이는 끈끈이로 죽을 수 없습니다. 용기를 내서 다시 한번 살아보는 겁니다.

우리가 봉사를 하되 우선 말의 봉사, 즉 칭찬이나 재미있는 말, 위로를 기본으로 해야 하고 표정의 봉사인 미소를 지어야 한다. 기분 좋은 표정은 보고 있는 사람을 즐겁게 한다. 이 두 가지가 바탕이 된 다음 나머지 봉사를 하면 된다. 말을 통해서 좌절에 빠져 있거나 희망을 잃고 사는 사람들에게 희망의 말을 하되 재미있는 유머로 웃게 해주고 충고를 하는 듯한 인상을 주지 않게 해야 한다.

SMILE 10
표정으로 전하는 봉사 "미소" 10

1. 기쁨을 나누면 배가되고 고통을 나누면 반이 된다. 봉사로 업그레이드하라.
2. 나눔은 사랑의 실천이다. 사랑의 실천으로 보람을 잉태하라.
3. 작은 사랑이 큰 열매를 맺는다. 봉사처럼 큰 열매는 없다.
4. 나눔은 수수작용이다. 작은 것을 주고 보이지 않는 엄청난 것을 얻는다.
5. 나눔은 메아리와 같다. 돌고 돌아 몇배로 증폭되어 돌아 온다.
6. 나눔은 아름다운 세상을 만든다. 아름다운 사람이 나눔의 주역이다.
7. 남이 필요로 하는 사람이 되라. 남을 필요로 하는 사람이 되지 말라.
8. 사랑이 충만한 사람은 건강하다. 봉사심이 큰 사람은 30년 더 산다.
9. 받는 자보다 주는 자에게 더 복이 있다.
10. 힘든 사람의 다리가 되라. 그것이 바로 봉사다.

표정봉사 "미소"

 웃.으.면.행.복.하.고.웃.기.면.성.공.한.다.

유머 경영이 일의 효율을 높인다

유머는 경쟁력이다
유머는 리더십을 향상시킨다
유머로써 고객의 마음을 열어라
유머 경영이 일의 효율을 높인다
웃음과 매출 증대의 상관관계
네트워크 유머와 성공의 조건
스트레스 이용하기

유머는 경쟁력이다

　세상이 참 많이 변했다. 우스갯 소리로만 여겼던 유머가 어느덧 '경쟁력'의 핵심요소로 인정받는 사회가 되었으니 말이다. 신나고 재미있는 일터로 만들자는 '펀(fun) 경영'이 요즘 기업체에서 새로운 패러다임으로 떠오르고 있다.

　이 '펀(fun) 경영'의 조건에는 다양한 놀이도 포함되어 있지만, 으뜸인 것이 바로 유머 감각이다. 직장 내에서 똑같은 일을 해도 즐겁게 일을 하느냐 그렇지 않느냐에 따라 그 결과에 차이가 있다는 것이다. 관료적이고 딱딱한 조직에 활력을 불어넣어 생산성을 높이는 역할을 바로 유머가 해내고 있다는 얘기다. 구성원들에게 권위주의의 산물인 엄격한 질서만을 요구하는 리더는 요즘 거의 볼 수 없지만, 만약 아직도 그런 리더가 있다면 그는 절대로 직장을 즐거운 일터로 만들지 못할 것이다.

유능한 리더가 되기 위해서는 여러 조건을 갖춰야 하지만, 우선적으로 '열린 마음'을 가져야 한다.

```
Management by fun (유머경영)
F-Funny (즐거움)
U-Unique (독특함)
N-Nurturing (보살핌)
```

조직 내에서 신나고 즐겁게 일하려면 우선 즐거워야 하고 남과 다른 독특함이 있어야 하며 상대를 배려하는 마음 즉 보살핌이 바탕이 되어야 한다는 말이다. 얼마 전 신문에 나온 기사를 보면 CEO의 88%가 웃음이 생산성에 도움이 된다고 말했고 내가 만일 직원을 뽑는다면 유머 감각이 있는 사람을 뽑겠다고 77%가 대답했다고 한다.

지금 내가 하고 있는 일이 내가 좋아하는 일, 그리고 내가 제일 잘하는 일이라고 생각한 사람은 성공한 직장인이라고 한다. 그러나 과연 몇 %나 자신이 정말 좋아하고 잘하는 일에 종사하고 있을까? 아쉽게도 직장인의 70-80%가 직업에 불만을 가지고 있다고 한다. 과연 당신이 로또 복권 1등에 당첨이 되어도 지금 하는 일을 계속 하시겠습니까? 하고 묻는다면 몇 %나 그렇다고 답을 하게 될까?

그렇다고 내가 몸담고 일하는 것에 불만만 가지고 임한다면 결국 누가 손해일까? 일을 위한 일은 회사나 조직원에게 별 도움이 되지 않는다. 그래서 요즘 불고 있는 기업 내의 신바람 유머경영! 그 경영을 통해 생산성에 40-300%의 효과를 보았다는 회사가 늘고 있다. 회사의 성장률은 직원의 웃음소리와 비례한다.

> 함께 웃을 수 있다는 것은 함께 일할 수
> 있다는 것을 의미 한다
> 〈로버트 오벤〉

유머는 리더십을 향상시킨다

재담가로도 유명한 처칠은
"좀 웃으시오. 그리고 부하들에게도 웃음을 가르치시오. 웃을 줄 모르면 최소한 벙글거리기라도 하시오. 만일 벙글거리지도 못한다면 그럴 수 있을 때까지 구석으로 물러나 있으시오." 라고 말했다. 리더에겐 유머감각이 필요하다는 것을 표현한 것이다. 대부분의 뛰어난 리더들은 뛰어난 유머 감각을 가지고 있다.

안창호 선생은 중국인의 흉내를 내어 긴장된 동지들에게 즐거움을 주었고, 자신이 거처하는 집에 '빙그레 방그레' 말을 걸어놓고 우리나라의 미래를 위해 웃자고 미소운동을 펼쳤다. 링컨은 금주령 시절에 '술을 팔았다'고 더글라스가 공격하자 '나의 가장 큰 고객이 더글라스였다'고 한 유머로 유명하다.

이렇듯이 유머 한 마디는 여유·인내·사랑과 같은 가치를 만들어 낸다. 뿐만 아니라 인간생활에 활력소를 주고, 창의적인 생각을 갖게 하는 원천이 되어준다.

▶ 유머 한마디로 직원을 통솔한다.

- 긴장감을 없애주므로 부하와 간부간의 거리감이 없어진다.
- 자유롭게 대화를 하므로 서로의 정보 교환이 원활해진다.
- 편안한 분위기에서 각자의 잠재된 능력을 발휘할 수 있게 된다.
- 경직된 자세를 풀어주므로 상하간의 믿음과 신뢰감이 쌓인다.
- 지나친 경쟁심을 없애주므로 사원간에 두터운 유대감이 형성된다.
- 직원들의 애로 사항을 솔직하게 들을 수 있고, 업무 내용을 정확하게 보고받을 수 있다.
- 흐트러진 분위기를 하나로 뭉치게 한다.
- 막혔던 생각을 열어주어 아이디어를 창출시킨다.

▶ 유머로 원만한 대인관계를 만든다.

- 서로간의 어색한 분위기를 자연스럽게 바꿔준다.
- 자연스럽게 서로를 알게 하고 관계를 친숙하게 만들어준다.
- 심각한 대화를 부드럽게 이끌어준다.
- 여유를 갖고 부담 없는 대화를 나누게 한다.
- 서로간의 속마음을 털어놓게 한다.

▶ 유머 있는 리더는 생각도 다르다.

- 여유를 갖고 폭넓은 사고력으로 모든 것을 관찰한다.
- 부드러운 인간관계를 형성하여 능률적인 관리를 한다.
- 사건을 보는 시야가 넓어 정확하게 판단한다.
- 적극적인 자세로 임하여 문제를 능동적으로 해결한다.

▶ 유머 있는 리더는 아이디어를 창출한다.

- 창조적인 아이디어를 다양하게 유도한다.
- 자유로운 사고로 복잡한 것도 쉽게 해결하는 여유를 갖게 한다.
- 자유로운 발상을 통해 창의성을 배가시킨다.

▶ 유머는 리더십 있는 리더를 만든다.

- 내성적 성격을 외향적 성격으로 만든다.
- 소극적 자세를 적극적 자세로 만든다.
- 명령식 관리에서 협력적 관리로 만든다.
- 직원들이 믿고 의지할 수 있는 상사로 만든다.
- 초조하게 생각하지 않고, 매사에 대범하게 임하게 한다.
- 부하들을 지나친 긴장감에서 해방시킨다.
- 포용력 있고 미래적인 관리자를 만든다.
- 생각하고 행동하는 실천가로 만든다.
- 부정적 사고방식을 긍정적 사고방식으로 전환시킨다.

리더가 이끄는 아침의 건강박수

30초간 박수를 치면 10m 왕복달리기를 하는 것과 거의 맞먹는 운동 효과가 나타난다.

― 신바람 건강박수 체조 - 긴장풀기 박수

사무실에서 보내는 시간이 많은 직장인에게 좋은 건강박수 체조다. 스트레칭과 박수를 겸한 것으로, 스트레스 해소와 혈액순환에 효과적이다. 한두 가지 박수만 골라 하거나 순서대로 3~5분간 계속하면 된다.

― 긴장풀기 박수

양손을 깍지낀 채 머리위로 쭉 폈다가 그대로 등 뒤로 보내며 등을 뒤로 젖힌 상태에서 박수를 한 번.

다시 바로 앉은 상태에서 양손을 등 뒤에서 깍지 끼었다가 깍지를 풀면서 가슴 앞에서 박수를 한 번.

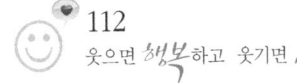

온몸 흔들기 박수

몸에 붙은 먼지를 털어내듯 좌우로 몸을 흔들어댄다. 뭉쳐있던 근육이 풀리는 듯 긴장된 몸이 풀어진다.

사랑 박수

빠른 속도로 박수를 치기만 해도 호흡이 빨라지고 전신에 열이 나는 것을 누구나 경험할 수 있고 손에는 전신에 연결된 14개의 기맥과 340여 개의 경혈이 있어 박수만 잘 쳐도 각종 질병을 예방할 수 있다.

박수는 혈액순환에 탁월한 효과가 있을 뿐 아니라 신진대사까지 촉진시킨다. 건강박수는 스트레스 해소, 체중감량, 집중력 향상, 치매 예방에도 도움이 된다고 한다. 특히 양손을 자극하는 건강박수는 뇌의 건강에도 긍정적인 영향을 미친다고 한다.

물론 박수만 친다고 해서 당장 질병이 낫는다거나 체중감량 효과를 보는 것은 아니다. 질병을 예방하려면 자신의 몸에 대한 관심과 건강을 지키려는 노력, 긍정적인 사고방식 역시 필요하기 때문이다. 하지만 건강 박수는 비용 부담 없이, 시간이나 장소의 제약 없이 언제든지 간단하게 실천할 수 있다는 장점이 있다.

대부분의 리더들이 내게 질문하는 것이 "여태껏 안 해왔던 것을 갑자기 어떻게 하냐? 혹시 내가 달라지면 사람들이 오히려 이상하게 보지 않겠느냐? 내가 유머를 해 버릇하니까 맞먹으려고 한다." 라고 말씀하셨다. 물론 갑자기 바꾸기는 어색하기도 할 것이다. 그래서 우선 내가 제안하는 것이 프리젠테이션에 조금씩 유머를 활용하는 것이다.

━ 프리젠테이션에 유머를 활용하려면

1. 주제에 직접적으로 연관이 있는 유머를 활용하라.
2. 자기가 던진 유머에 먼저 웃지 말라.
3. 상대의 감정을 상하지 않게 유머를 선택한다.
4. 간결, 핵심이 뚜렷한 유머를 구사하라.
5. 유머를 구성원들과 연관시켜 말한다.
6. 잘 알아들을 수 있도록 큰소리로 말하되, 실패한 유머를 반복 사용하지 말라.
7. 성공한 유머도 반복 사용하지 말라. 같은 유머로 웃는건 1번으로 족하다.
8. 자기 자신을 소재로 한 유머를 구사하라. (외모, 나이, 재미있는 경험)
9. 구성원들과 관계있는 실제 인물들을 등장시켜 소속감이 들도록 한다.

> 유인형
>
> "사람과 똑같은 컴퓨터를 개발했어."
> "어머나, 생각할 줄도 안단 말이니?"
> "그게 아니라 잘못을 저질러 놓고는 다른 컴퓨터를 탓하는 거야."

위의 유머를 한마디 던져 놓고 "우리 회사 내에서 문제가 생겼습니다. 누구 하나의 잘잘못을 따지려는 것이 아니라 이 문제에 대해 서로 머리를 맞대고 의논해 보고자 오늘 이렇게 자리를 마련한 것입니다. 각자 솔직한 심정으로 의견을 한 말씀씩 주셨으면 하는데요." 라고 말하게 되면 일단은 말하는 사람의 감정도 어느 정도 가라앉은 느낌이 전해지고 서로 애정을 가지고 심사숙고 해서 의견을 모아보자는 의미도 담겨 있는 듯해서 분위기가 한결 부드러워질 것이라고 생각한다.

성공하는 리더들이 즐기는 유머

　대부분의 기업에서 웃음이 넘치는 회사, 열린 마음을 갖자고 열심히 외치지만 실상은 어떤가? 부서 간에 충돌이 생기거나 개인간에 의견 차이가 생겼을 때 우리는 어떻게 대처하는가? 혹시 자기주장만 목소리 높여서 외치고 있지는 않는가?

　리더는 직원들과 생각의 주파수를 맞춰야 하고, 사람에 대한 애정이 있어야 하며, 자신감이 있어야 한다. 또한 심각한 회의석상에서 창의력과 상상력이 나오게끔 유도해야 하는데, 가장 효과적인 방법 중 하나가 유머와 위트다. 웃으면 직원들의 마음 문이 열리기 때문에 의사소통이 순조로워지는 효과가 있다.
　리더는 웃음 없는 직원들에게 희망과 비전을 제시해야 한다. 그러기 위해서는 어떤 상황에서도 마르지 않는 여유와 유머로써 대처해 나가는 자세가 요구된다.

　타임지의 편집주간을 지낸 하드리 도그번은 '유머감각은 지도자의 필수조건'이라고 말했고, 독일을 통일로 이끌었던 헬무트 콜수상은 자신을 빗댄 유머가 괜찮겠냐는 기자의 질문에 "나, 하나가 웃음거리가 되어서 국민이 즐거울 수 있다면 얼마든지 바보가 되어도 좋다."라고 말했다.

A사의 김 과장은 아침에 출근하면 전 직원에게 문자 메시지를 보낸다.

> 미소의 반대말은? 당기소(오늘도 입 꼬리를 당기고 웃으세요)
> 개구리가 낙지를 먹으면?: 개구락지
> 오늘도 즐거운 하루가 되기를!

위의 문자를 받은 직원들은 첨에는 '어머! 이게 왠 유치야?' 하더니 점차 그것에 의해 웃고 있는 자신을 발견하게 되었다고 한다.

오늘 아침에 리더가 이런 문자를 전 직원에 보내보는 것은 어떨까?

> 눈높이에 근무하시는 채 다린님은 아침에 일어나면 수고하시는 선생님들께 이런 문자를 보낸다고 한다.
> "선생님! 오늘은 비가 온다고 하니 우산을 준비하시고 나오세요. 저는 선생님이 비에 젖으시는게 싫어요… 화이팅!!"

그런 문자를 아침에 받으신 선생님들은 하루 종일 기분이 좋을 것은 당연한 일이고, 회원들을 방문하면서 웃는 낯으로 대하게 될 것은 뻔한 게 아니겠는가? 내 마음이 즐거우면 친절 서비스, 즉 고객감동이 절로 이루어진다는 사실을 잊지 말자!

유머로써 고객의 마음을 열어라

요즘 세상에서는 세일 아닌 것이 없을 정도다. 물건이나 자신이 배운 지식을 세일하는 것은 물론이고, 대통령까지도 다른 나라에 나가 한 나라의 국가 이미지와 잠재력을 세일하는 시대다. 고객과의 벽을 허물고 대화의 실마리를 찾기 위해서는 무엇보다 고객의 마음을 여는 것이 중요하다.

요즘은 워낙 기술이 발달하여 제품에는 별 차이가 없다. 그래서인지 고객은 제품에 대한 특징을 말하기도 전에 '알아요' 하면서 문을 닫는 경우가 대부분이다. '판매는 거절로부터 시작된다'는 말은 레타맨의 명언이다. 이 말은 판매에는 반드시 거절이 있게 마련이므로, 거절을 당했더라도 실망하거나 당황하지 말라는 것이다. 오히려 거절하는 고객은 가능성이 있는 고객이라고 생각하고, 거절 자체를 환영할 수 있는 마음가짐으로 접근해야 한다는 뜻이다. 하지만 거절로 인해 받게 되는 스트레스가 적지 않다. 따라서 스트레스를 극복할 수 있는 방법과 함께 거절에 대응하는 적절한 방법을 찾기 위해 부단히 노력해야 한다.

　업계의 판매전이 날로 격심해지고 있어서 자신만의 독특한 영업 전략을 세우지 않고서는 시장에서 살아남을 수 없다. 어느 세일즈맨에게 1등의 비결을 묻자, 첫마디가 가장 중요합니다. 어느 가정집을 방분해서 초인종을 누르자 안에서 아주머니가 나오셨는데, "아가씨? 엄마, 집에 계신가요?" 물었더니 웃으며 "정말 제가 아가씨로 보이나요? 호호 들어오세요." 하더랜다. 물론 이것도 상황을 맞추어 해야지 할머니에게 이런 말을 건넸다간 오히려 혼쭐이 날 수도 있다. 사람의 마음을 움직인다는 것이 아주 어렵게 느끼면 끝이 없지만 의외로 말 한마디로 수월해지는 것도 사실이다. 보통의 경우 여자들이 "내 나이가 몇으로 보여요?" 하고 물을 때는 속으로 제발 적게 보아주었으면 하는 심리가 있다. 그런데 거기에 대고 나이보다 훨씬 더 많이 말해 버리면 당연히 상처를 받을 것이 뻔하다. 내가 보기엔 50으로 보여도 조금만 내려서 42? 이렇게 말한다면 그 말 한마디로 상대를 기분 좋게 할 것이 아닌가? 그렇다고 아부를 하라는 것은 아니다. 상대에 맞게 조금만 말로 배려를 해서 기분을 좋게 하라는 것일 뿐이다.

"웃음은 처음 대하는 사람에게도
긴장과 경직된 것을 풀어주는 효과가 있으므로
세일에 활용하면 더욱더 효과적이다."

✽

　필자가 알고 있는 보험회사에서는 시장 개척을 위해 전단지를 이용했다. 명언이나 생활에 필요한 지혜, 아름다운 시를 적은 전단지를 개척 시장에 날마다 뿌렸는데, 그것을 받아서 열심히 읽는 사람도 있지만, 들여다보지도 않고 그대로 구겨버리는 사람이 적지 않았다.

　전단지가 별로 효과가 없는 것 같다는 보험회사 측의 얘기를 듣고, 나는 보험회사 소장님께 '전단지에 유머를 활용해 보라'고 제안했다. '오늘의 유머'라는 제목 아래 만화를 카피하여 넣은 다음, 그 옆에 유머를 4개 정도 써넣은 전단지 견본을 만들어 주었다. 그리고 전단지를 돌릴 때, 아주 밝은 표정으로 '안녕하세요?' 하고 인사만 하고 상품에 대한 얘기는 일체 하지 말라고 당부했다.

　유머를 활용하여 전단지를 뿌린 결과, 얼마 지나지 않아 효과가 나타나는 조짐이 보였다. 처음엔 건성으로 읽던 사람들이 시간이 지남에 따라 관심을 보이기 시작하더니, 나중에는 설계사를 불러 '도대체 이것을 누가 만들었냐? 그리고 당신은 뭐 하는 사람이냐?' 등으로 고

객들이 먼저 말을 걸더라는 것이다. 그러는 바람에 자연스럽게 대화가 시작되었고, 고객과의 관계를 차근차근 다져나감으로써 긴밀한 유대관계를 형성하여 마침내 판매 1위라는 성과를 거둘 수 있었다고 한다. 처음부터 상품에 대해 너무 알리려고 한다거나 누구나 하던 방식대로 틀에 박힌 전단지를 돌린 것보다는 고객을 웃게 하고 호기심을 불러 일으켰다는 것이 세일에서 효과를 본 것이 아닌가 싶다.

_적반하장

A맥주 회사 사장이 술집에 갔다.
아가씨와 함께 들여보내진 술을 보니 모두가 B회사의 것이었다.
"이봐, 김 양. 여긴 어째서 다 B회사의 맥주지? 이런 젠장. 빨리 A맥주로 바꿔와! 내가 바로 그 회사의 사장이란 말이야."
아가씨가 생글생글 웃으면서 말했다.
"사장님! 방금 전까지는 사장님께서 저의 고객이셨지만, 이렇게 자신의 제품을 써달라고 할 땐 제가 사장님의 고객 아닌가요? 그런데 이렇게 소리를 지르면 되시나요?"

위의 예처럼 내가 고객이 될 수도 있고 서비스를 제공해야 하는 대상이 될 수도 있다. 내가 고객일 때 상대가 어떻게 해 주어야 기분이 좋을까를 생각한다면 고객의 입장을 이해하는데도 도움이 될 것이고 그럼으로써 고객과의 거리는 좁혀질 수 있을 거라 생각한다.

고객들은 자신의 자존심을 소중하게 생각하고, 타인으로부터 존중 받고 싶어한다. 그러므로 영업을 할 땐 이에 대응하여 그 자존심을 만 족시킬 수 있도록 각별히 마음을 써야 한다.

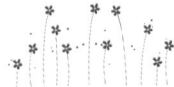

"나는 그동안 많은 사람들에게 분수에 넘치는 대접과 인정을 받았지만, 지금도 인정받는 것이 매우 유쾌할 뿐 아니라 신물이 난다거나 넌더리가 나는 일은 전혀 없다."
〈톰 피터스〉

"유머는 칭찬을 표시하는 하나의 수단이다."
〈이상헌〉

✱

STORY 39

_고쳐 놓기

뚱뚱한 아가씨가 맞춰놓은 옷을 찾으러 어느 의상실에 들렀다. 직원이 그 완성된 옷을 펼쳐보이자, 아가씨가 이렇게 말했다.

"아니, 무슨 옷을 이렇게 크게 만들었어요? 다시 고쳐놓으세요."

직원이 황당해하며 대꾸했다.

"입어보시면 알 거 아니에요. 치수를 제대로 재서 만든 건데, 어이가 없네요."

> 직원과 손님이 실랑이를 벌이는 소리를 듣고 사장이 나와서 말했다.
> "어머, 손님 죄송합니다. 제가 다시 줄여놓겠습니다. 입어보시지 않았어도 제가 보면 아는데 확실히 크게 나온 것 같네요. 김 양, 얼른 손님께 사과드려."
> 아가씨는 돌아갔고, 이틀 후 다시 옷을 찾으러 왔다.
> 옷은 그때 그대로였지만, 아가씨가 입어보면서 말했다.
> "거 봐요. 이제야 맞네."

옷을 쫙 펴놓고 보면 본인에게 맞게 맞추었어도 더 크게 느껴질 수 있다. 더군다나 뚱뚱한 고객의 자존심을 생각해서, 말하는 사람은 세밀한 부분까지 신경써서 말해야 한다. 고객의 심리를 미리 파악하고, 고객을 존중하는 마음으로 여유 있게 말하는 것이야말로 고객을 만족시키는 첫걸음이다.

고객은 우월감과 열등감을 동시에 가지고 있다. 따라서 항상 전문적인 지식과 겸손한 마음으로 응대하여야 한다. 세계적 다국적 기업인 HP에 의하면, 아주 만족한 고객은 한 명당 6-8명을 소개하지만 아주 불만족한 고객은 한 명당 10명씩 방해한다고 하였다. 또한 삼성경제 연구소의 Ten-Ten의 법칙에 의하면 고객을 잃는 데는 10분이 걸리지만 그 고객을 다시 오게 하는 데는 10년이 걸린다고 하였다. 이런 것을 생각한다면 내가 지금 만나는 고객이 나의 서비스 하나에 얼마나 영향을 끼칠지를 새삼 느끼게 될 것이다.

칭찬할수록 고객이 증가한다

― 칭찬 한마디가 내 인생을 바꾸었다.

모그룹의 회장님은 학창시절 몹시도 공부를 못했는데 아주 우연한 기회에 선생님의 칭찬 한 마디로 인생이 바뀌었다고 한다. 그 내용을 소개하면,

중학교 과학시간이었는데 선생님께서 문제를 내셨다.

아무도 그 문제에 대답을 못하고 있을 때, 한 학생이 아주 자신 없는 목소리로 "저어, 그거 '이슬' 아닌가요?" 하고 말했다. 그 순간 선생님께서는 여느 선생님처럼 "그래, 맞았다."로 끝나신 게 아니고 여러 학생들에게 너희들은 모두 못맞췄는데 이 문제를 맞춘 학생만이 천재라고 하시며 15분간 칭찬을 하셨다고 한다. 그것을 계기로 학생은 열심히 과학을 공부했고 그러다 보니 자연스레 다른 과목도 공부하게 되어 대학에도 진학하게 되셨다고 한다. 칭찬의 말이 학생의 인생을 완전히 바꾸었다고 할 수 있다. 주변에 인간관계로 고민하시는 분이 있다면 오늘부터 그 사람의 장점만을 보고 칭찬을 해보자. 많은 것이 달라질 것이다.

PRAISE 20
칭찬이란?

1. 칭찬은 고스톱이다. – 때와 장소가 필요 없다.
2. 칭찬은 임산부다. – 먹지 않아도 배부르다.
3. 칭찬은 만병통치약이다. – 칭찬으로 안 낫는 것이 없다.
4. 칭찬은 현대경영이다. – 고객만족 고객감동을 이룩한다.
5. 칭찬은 노래방기계다. – 칭찬을 받으면 콧노래가 절로난다.
6. 칭찬은 대형거울이다. – 내가 네가 되고 네가 내가 된다.
7. 칭찬은 고장 난 지퍼다. – 마음 문이 저절로 열린다.
8. 칭찬은 처신형 미사일이다. – 적도 쉽게 함락시킨다.
9. 칭찬은 풍선이다. – 몸이 날을 것처럼 가벼워진다.
10. 칭찬은 보너스다. –받으면 신이 난다.
11. 칭찬은 초대형 브래지어다. – 가슴을 부풀게 한다.
12. 칭찬은 키크는 약이다. – 행복을 열배로 키워준다.
13. 칭찬은 성장촉진제다. – 식물도 칭찬하면 쑥쑥 자라난다.
14. 칭찬은 고리대금이다. – 되로 주면 말로 받는다.
15. 칭찬은 서치라이트다. – 마음을 대낮처럼 밝혀준다.
16. 칭찬은 총명탕이다. – 바보를 천재로 만든다.
17. 칭찬은 성형외과 의사다. – 사람을 미인으로 바꿔놓는다.
18. 칭찬은 현찰박치기다. – 그 자리에서 효과가 나타난다.
19. 칭찬은 비아그라다. – 빠르게 힘을 만든다.
20. 칭찬은 불가마다. – 마음의 독소를 뽑아낸다.

유머 경영이 일의 효율을 높인다

　미국과 유럽의 기업이 직원의 스트레스 및 건강관리를 해줌으로써 일의 효율을 높이고자 할 때 그 방법으로 유머 훈련 등을 실시한다는 기사를 본 적이 있다. 많은 기업들이 새로운 유머경영에 눈을 돌리는 이유가 무엇일까? 그것은 유머가 조직 내의 갈등을 줄이고, 작업능률의 활성화를 이루며, 많은 스트레스에 시달리는 직장인들에게 웃음을 통한 활력을 주기 때문이라고 생각한다. 유머의 기본 정신과 현대 경영의 핵심 주제가 일치된다는 점을 미루어 생각하면 당연하다고 할 수 있다.

　우리나라의 경우에도 몇몇 회사가 유머경영을 도입하고 있다. 그 중 L사는 유머강사를 초빙하여 직원들에게 유머 강의를 듣게 함은 물론이고, 회사 내에 DDR을 설치해 놓고 있다. 스트레스를 받은 상태에서 일을 하게 되면 업무 효과가 저하되므로 기분전환을 한 다음 다시 업무에 임할 수 있도록 나름대로의 방법을 구사하고 있는 것이다.

  D사의 경우는, 매주 목요일마다 자유스런 복장으로 출근하게 함으로써 옷차림에 대한 스트레스를 줄여주고 있다. 정장 차림을 했을 때와 보다 자유로운 복장을 했을 때를 비교해 보면, 스트레스를 받는 강도가 크게 차이난다는 것이다.
  일산에 있는 한 백화점은 아침에 출근하면 노래방 기기 앞에서 신나는 노래를 부르고 하루 일과를 시작한다고 하는데, 활기찬 기분을 고객에게 그대로 전달하는 것도 유머 경영의 한 부분이다.

  유머 경영의 핵심은 '신나는 일터 만들기'다.
  즐거운 마음으로 일을 하느냐, 하기 싫은 일을 억지로 하느냐에 따라 일의 결과가 판이하게 달라진다고 한다. 스트레스를 덜 받는 직장, 일하는 것이 즐거운 직장이야말로 모든 샐러리맨들이 꿈꾸는 직장이 아닐까 싶다. 유머의 효능과 힘을 새롭게 인식하여, 건강하고 활기찬 직장으로 탈바꿈하기를 기대해 본다.

_물의 종류

사장님이 회의 시간에 말씀하셨다.
"여러분! 지금부터 퀴즈를 내겠습니다. 물 중에서 우리가 받아선 절대로 안 되는 물이 무엇일까요?"

"노물이지요."
"여자들이 받으면 너무나 좋아하는 물은?"
"선물"
"내가 홀랑 벗고 회의를 하면?"
"네, 괴물요."
"의욕을 잃고 부정적인 사고를 가진 사람은 무슨 물?"
"폐물."
"모두 잘 맞춰주었어요. 이 달부터 우리 회사에선 깨끗하고 좋은 물을 생산하기로 했답니다. 좋은 의견이 있으면 말해 봐요."

대부분 아침 회의 시간에 좋은 의견을 내보라고 하면 긴장되고 경직된 상태에선 창의적인 생각이 나오지 않는다. 그런데 사장님이 먼저 그 날의 주제에 맞는 유머 한마디로 직원을 웃게 만들고 나면 긴장도 풀어지고 그럼으로써 사고가 유연해지니 좋은 의견도 나올 수가 있는 것이다. 누구나 그런 경험이 있을 것이다. 무섭고 매를 잘 드시는 선생님 시간엔 아무런 생각도 나지 않을 뿐더러 시간이 얼마나 안 가던 지를....

회사의 성장률은 웃음소리에 비례한다.
직원들에게 출근이 즐거운 직장, 신바람 직장으로 만들기 위해
회사에서는 어떻게 해야 하는가?

웃음과 매출 증대의 상관관계

모든 기업의 최대 목표는 매출 증대에 있다. 따라서 매출 증대에 생명을 건다고 해도 과언이 아니다. 그렇다면 웃음이 매출과 무슨 연관이 있을까? 하지만 직접적인 연관이 있다.

경영 컨설턴트인 이상헌 선생님이 '웃음'을 경영에 도입하여 성공한 사례 한 가지를 소개하고자 한다. 한 회사 경영자가 선생님을 찾아와서 '판매문제로 고충을 겪고 있는데 방법이 없겠느냐'고 의논을 해왔다.

"일단 100일 웃음작전을 펼칩시다. 그리고 결과를 지켜본 다음에, 그 다음 방법을 생각해 봅시다."

내린 결론은 웃음을 경영에 도입하여, 먼저 직원 개개인의 자세와 회사 분위기를 바꿔보자는 것이었다.

다음날부터 웃음에 대한 특강을 20분간 한 후 매출 증진을 위한 폭소 훈련을 날마다 10분씩 실시했다. 각자 책상 위에 거울을 올려놓고 거울에 비친 자기 모습을 보며 크게 웃어보라고 하자, 처음에는 이렇게 한다고 해서 매출이 오르겠느냐며 부정적으로 바라보는 사람이 적지 않았다고 한다. 하지만 시간이 흐름에 따라 밝은 모습으로 열심히 웃는 사람의 숫자가 늘어났으며, 무겁기만 했던 회사 분위기가 차츰 밝아지기 시작했다. 그리고 얼마 지나지 않아 직원들의 얼굴이 눈에 띄게 활기를 띠는가 싶더니, 예전과는 달리 적극적이면서 즐거운 마음으로 일한다는 것이 느껴졌다. 더욱 놀라운 일은 100일이 지난 다음 판매액이 100%에서 300%까지 신장되었다는 사실이다. 웃다보면 마음이 즐거워질 뿐 아니라 건강도 몰라보게 좋아지는 것을 느끼게 된다. 또한 자신감이 생기면서 대인관계가 부드러워진다.

언제나 찌푸리고 살던 그 회사 경영자도 '싱글벙글'로 인상을 바꾸면서 자신감이 생기기 시작했고, 직원들에게도 친근감 있게 대하다 보니 잔뜩 웅크리고 있던 회사 분위기가 살아난 것이다. 또한 회사일이 잘되지 않을 때는 집에 돌아가서도 화를 자주 내거나 우울한 모습으로 있다보니 식구들이 슬슬 피하기 일쑤였는데, 밝게 웃는 모습을 보여주고 난 후부터는 둘러앉아서 대화를 나누는 등으로 집안 분위기가 화기애애해졌다.

'웃을 일이 있어야 웃지, 웃을 일도 없는데 왜 실없이 웃느냐'고 말하는 사람도 없지 않다. 하지만 좋은 일이 있어서 웃는 것이 아니라, 웃다보면 좋은 일이 생긴다. 좋은 기분으로 사람을 대하거나 일을 하면 그만큼 나은 결과가 나올 수밖에 없지 않겠는가. 웃음은 행복과 즐거움만 주는 것이 아니라, 성공의 밑거름이 된다는 사실을 잊지 말자.

웃음 세일

아무리 불경기라고 해도 웃음이 있는 기업은 발전한다. 품질이나 판매 전략에만 신경써 가지고는 경쟁력의 우위를 점할 수 없을 만큼 고객이 까다로워졌기 때문이다. 그런데도 주인이나 종업원들이 웃는 여유를 보이지 않고 무표정하게 있거나 화난 표정으로 손님을 대한다면, 누가 그 가게에 또다시 가려 하겠는가. 또한 손님이 들어왔을 때 종업원들이 텔레비전을 보고 있거나 잡담에 정신을 팔고 있는 가게라면, 얼마 지나지 않아 소리 소문 없이 문을 닫을 것이 분명하다.

경영과 판매 전략은 다양하고 복잡해 보이지만, 최후까지 살아남는 기업이나 업소의 비결은 의외로 단순하다. 그 비결은 다름 아닌 '웃음'과 '친절'의 실천이다. 웃음과 친절이 없다면, 제품의 우수함이나 기업의 이미지를 아무리 멋지게 광고하고 그럴듯하게 소문을 내도 결국 소비자들에게 외면당하고 만다. 그래서인지 요즘 기업에서 면접시험을 볼 때도, 실력 있고 근엄한 표정의 사람보다는 성적이 다소 처지더라도 활짝 웃는 사람을 선호한다고 한다. '웃음'과 '친절'이 그 어느 때보다도 절실하게 요구되는 시대에 우리가 살고 있으니, 이제부터라도 고시공부 하듯 웃음공부를 해보면 어떨까 싶다.

우리에게 널리 알려진 맥아더 장군의 '아들을 위한 기도문' 중 다음 구절은 참으로 인상적이다.
"내 자녀에게 유머를 알게 하시고, 생을 엄숙하게 살아감과 동시에 즐길 줄 알게 하옵소서."
맥아더 장군은 우리가 한평생을 살아가는데 있어 여유·용기·겸손·투혼 등 많은 것이 요구되고 필요하지만, 유머 감각 또한 빼놓을 수 없음을 강조하고 있는 것이다.

직장에서의 웃음 트레이닝

입을 크게 벌리고 소리 내어 웃는 훈련이다. 억지로 웃는 것도 실제로 웃는 효과와 같다. 몇 년 전 일본의 히로시마 야구팀이 갑자기 강해진 비밀을 공개한 적이 있었다. 그 비법이 바로 웃음 트레이닝이었다. 경기장에서 '하루 한 번 크게 웃자'는 내용이었는데, 그 후 경기에 임하는 선수들의 자세가 바뀌더니 좋은 결과를 낳게 되었다. 처음에는 웃는 것이 습관이 되지 않아 자연스런 웃음이 나오지 않았지만, 차츰 웃다보니 팀원 간에 분위기가 좋아진 것은 물론이고 즐거운 마음으로 경기에 임한 결과 좋은 성적이 나왔던 것이다.

재미있는 이야기를 들으면서 웃어도 좋고, 그냥 무조건 웃어도 좋고, 손뼉을 쳐가며 웃어도 좋다. 노래를 부르며 웃으면 더 좋다.

자, 웃어보자. 아주 많이.

네트워크 유머와 성공의 조건

　네트워크 사업을 하는 사람들은 한결같이 '성공'이란 단어를 입에 달고 산다. 그들의 최대 소망이 원하는 목표에 달성하여 성공하는 것이기 때문이다. 네트워크 사업에서 어느 정도 수입이 되는 사람들은 매사에 긍정적이고 남의 말도 귀를 기울여서 잘 들어준다.

　반면 소위 '떴다방'이라는 것을 하는 사람들은 여기저기 몰려다니느라고 돈과 시간만 없애기 일쑤다. '떴다방'을 하는 사람들은 사업설명회하는 곳에 데려가기 위해 '점심 사줄게 나와', '너 큰 돈 벌일 있어. 만나자'고 하여 약속을 정하는 경우가 많다. 이런저런 핑계를 대다 인간적인 친분 때문에 만나보면, 본인도 벌지 못하는 돈을 한 달에 몇 천만원씩 벌게 해준다는 식으로 황당하기 이를 데 없는 말을 하는 사람이 적지않다.

인내심을 발휘하여 얘기를 들어주다가 "나는 그런 것 못해요. 선배나 돈 많이 버세요" 하고 돌아서면 못내 서운한 표정을 짓곤 하는데, 그 정도로 서운한 것이 낫지 나중에 무슨 큰일을 당할지 모를 일이다. 그리고 나중에 얘기를 들어보면 그 회사 말고도 몇 번의 회사를 또 옮겨 다닌 경우가 태반인데, '성공'의 의미가 무엇인지 확실하게 알지 못하고 이리저리 헤매고 있는 사람들을 보면 안타깝기 그지없다.

누구나 성공에 도전할 수 있다. 하지만 아무나 성공하는 것은 아니다. 성공으로 가는 길이 그만큼 멀고 험하기 때문이다. 또한 돈을 많이 벌었다고 해서 반드시 성공했다고 볼 수는 없다. 자신이 선택한 길에서 묵묵히 최선을 다하고, 나타난 결과에 만족하는 것. 그것이 진정한 성공이 아닐까 싶다.

네트워크 회사에서는 사업 설명회에 많은 사람을 참석시키기 위해서 여러 가지 방법을 강구한다. 왜냐하면 설명회를 들어야만 생각의 틀을 깰 수 있고, 참석한 사람들에게 동기유발을 시켜야만 사업에 관심을 갖게 된다고 생각하기 때문이다. 그런데 점심까지 대접하면서 애써 사업 설명회에 데려와도, 내용을 제대로 듣지 않고 졸고 있는 사람이 대부분이어서 원하는 만큼의 효과를 기대하기가 어려운 실정이다. 그래서 한 네트워크 회사에서는 방안을 강구하던 끝에 유머를 활용하면 어떻겠냐고, 필자에게 강의를 부탁해 왔다. 지루한 내용을 재미있게 설명하여 이해시키고, 짧은 시간에 알기 쉽게 전달하여 설득

하는 데는 '유머'가 제격이다. 그것을 네트워크 회사에서는 이미 알고 있었던 것이다.

자칫 지루하고 따분해지기 쉬운 사업 설명회지만, 이 사업을 해야 하는 목적을 유머를 곁들인 비유로써 표현하니 사람들이 졸지 않고 설명에 귀를 기울였다. 어느 사업 설명회든 '좋다, 나쁘다' 등을 말하기보다는, 사업의 필요성을 조목조목 제시하여 이해시키는 것이 훨씬 설득력이 강하다는 것을 새삼 확인할 수 있었다.

STORY 41

_성공을 원하는 이에게

어느 사업자가 성공을 위한 방법을 묻기 위해 사장을 찾아갔다.
"저에게 성공할 수 있는 방법을 알려주십시오. 저는 성공을 원합니다."
"음, 정말 알고 싶은가? 그럼, 내가 하라는 대로 하게."
"우선 잔에 포도주를 가득 채워온 다음, 한 자루의 칼을 준비해오게."
남자가 얼른 가서 포도주를 가득 담은 잔과 칼 한 자루를 준비해왔다.
"자네가 지금부터 이 포도주 잔을 들고 시내를 한 바퀴 돌고 와야 하는데, 만약 한 방울의 포도주라도 흘리게 된다면 자네는 이 칼에 의해 목숨이 달아날 걸세. 그래도 좋은가?"

> "네, 알겠습니다."
>
> 남자는 목숨이 달아날세라, 정신을 온통 포도주 잔에 집중시켜서 시내를 한 바퀴 돌았다. 덕분에 한 방울의 포도주도 흘리지 않은 채 제자리로 돌아왔다.
>
> "자네가 시내를 돌아올 때, 우는 아이 소리를 들었는가?"
>
> "아뇨, 못 들었는데요."
>
> "그렇다면 맛있는 요리 냄새는?"
>
> "아뇨, 맡지 못했는데요."
>
> "이보게! 성공이란 바로 그런 거라네. 목숨이 달아날세라, 주변에 있는 아무것에도 신경 쓰지 않고 오직 포도주 잔에만 몰두하지 않았나. 그것이 바로 성공이야."

  한곳에 몰두하여 최선을 다하고 회사의 비전과 스폰서를 믿고 따르면 될 터인데 시작만 하면 당장 큰 돈이 벌려지는 줄 알고 있다가 여기저기서 고수입이 된다고 하면 우르르 몰려가고 그러다 다시 다른 곳을 기웃거리는 등 귀가 얇아 늘 다른 사람들 말에 자신의 확신 없이 움직이다 보면 성공은 늘 다른 사람의 이야기일 수 밖에 없다.

_잠재력

10년간 꼼짝도 못하고 누워 있는 할머니가 있었다. 하루는 가족들이 모두들 외출하여 혼자 누워 있는데, 전기가 합선되었는지 방안에 불길이 번졌다. 할머니는 움직이지도 못한 채 그 불길을 바라보고만 있었다.

'저걸 어쩌지? 난 이제 꼼짝없이 죽었다.'

그런데 어느 순간, 할머니가 현관에 우뚝 서 있었다. 동네 사람들이 몰려나와, 현관에 서 있는 할머니를 보고 놀라서 물었다.

"할머니, 움직이지도 못하셨잖아요? 그런데 어떻게 여길?"

할머니는 그 소리 듣는 순간, '맞아 그랬었지' 하며 그 자리에 다시 쓰러졌다.

성공이란, 오직 목표하는 한 길에 최선을 다하고 노력을 기울여 이루어내는 것이다. '내가 과연 해낼 수 있을까' 하고 의심이 생길 때, 위에서 비유한 내용을 말한다면 그 어느 표현보다 설득력이 있으리라 생각한다.

장황하면서 고리타분하게 설명하는 것보다는 간략한 표현과 유머로 표현하는 것이 이해가 빠를 뿐 아니라 오래도록 기억될 것이라 확신한다. 사람의 잠재력이란 생각지 못한 곳에서 발휘될 때가 많다. 펌프로 물을 풀 때 한 바가지의 마중물을 붓고 밑에서 물을 끌어 올릴 때 처음에는 힘이 들지만 나중엔 적당한 힘과 리듬만 유지하면 물이 끈임없이 나오는 것과 같다. 우리가 어찌 해보지도 않고 땅 밑의 물의 양을 측정 할 수 있을 것인가? 될 수 있다는 확신을 가지고 최선을 다 하자. 나의 잠재력은 무한의 힘을 발휘할 것이다.

_유언

어느 할머니께서 유언을 하셨다.
"내가 죽거든 네트워크 회사의 문 앞에 나를 묻어 주시오."
"아니, 왜요? 할머니?"
"내가 그곳에 묻히면 내 아들은 하루에도 몇 번씩 나를 찾아오는 것이 되니까요."

유머이긴 하지만 이렇게 회사에 항상 출근해서 교육으로 정신무장 하고 하루에 만나야 할 사람을 회사로 모셔와 같이 교육을 듣지 않으면 성공할 수 없다. 왜 회사는 같은 시간에 출근한다고 믿으면서 네트워크 사업을 하면서는 시간을 지키지 않는가? 왜 매일 출근을 해야 한다고 생각하지 않는가? 항상 꾸준함과 열정으로 자신을 무장했을 때에야 비로서 성공이라는 달콤한 열매를 얻을 수 있는 것이다.

이 책을 읽는 모든 독자분들 꼭 본인이 원하는 일 이루시며, 성공하길 바라는 바입니다.

스트레스 이용하기

　스트레스의 사전적 의미는 일이나 사건에 대한 내적 반응이다. stress 라는 단어에 ed를 붙이면 스트레스를 받다. stressed 이것을 뒤부터 써보면 desserts(디저트)란 단어가 된다. 즉 적당한 스트레스는 디저트와 같은 역할을 한다는 말이다.

　스트레스는 긍정적인 스트레스 eustress 와 부정적인 스트레스 distress 가 있는데 긍정적인 스트레스의 경우 우리가 스트레스를 받아서 뭔가 해결점을 찾을 수 있고 노력해서 극복할 수 있는 것을 말한다. 그런데 부정적인 스트레스는 우리의 건강과 정신적인 고통까지 주는 것을 말한다. 긍정적인 스트레스는 우리에게 주는 자극제로써 활용하면 보다 발전적이고 문제해결의 의욕도 줄 수 있어서 살아가면서 필요한 것이라 생각된다. 그런데 문제는 부정적인 스트레스! 피할 수 없는 스트레스라면 어떻게 대처할까?

> 아이들이 수박 서리를 하러 몰려오는 것을 보고 주인이 '탕'하고 공포탄을 쐈다. 그러자 아이들이 '와'하고 소리를 지르며 달아났다.
>
> 잠시 후에 아이들이 다시 몰려왔다. 그러자 주인도 다시 공포탄을 쐈다.
>
> 옆에서 그 장면을 지켜보던 친구가 주인에게 물었다.
>
> "이보게, 아이들을 잡으러 가지도 않으면서 왜 공포탄을 쏘는 것인가? 애들 경기 일으키게 말야"
>
> 주인이 웃으면서 말했다.
>
> "내가 공포탄을 쏘지 않는다면 아이들이 무슨 재미로 서리를 하겠는가!"

이것은 스트레스가 필요하다는 단면적인 표현이다.

우리의 삶은 끊임없는 자극의 연속이라 해도 과언이 아니다. 만약 자극을 받지 않는다면, 그것을 극복하기 위한 노력조차 하지 않고 되는 대로 살아갈지도 모른다. 일등 하는 친구를 보고 스트레스를 받아 공부를 더 열심히 하는가 하면, 수입보다 지출이 많아 스트레스를 받으면 지출을 줄이기 위해 노력할 것이다.

'스트레스는 곧 자극이다.'

아무리 애써도 피할 수 없는 스트레스라면 지혜롭게 이용하는 자세가 필요하다. 스트레스에 굴복하지 말고, 각자가 자기 자신에게 맞는 방법을 찾아 현명하게 대처해 보면 어떨까.

― 스트레스 이용하기

실적이 일등인 동료를 보고 스트레스를 받아 주저앉을 것이 아니라, 오히려 영업 방법을 연구하고 노력하여 실적을 1~2위로 올려보자. 이렇게 스트레스를 긍정적으로 이용하면 도리어 우리 삶의 활력소가 된다.

― 있는 그대로 받아들이기

운전할 때 옆에서 차가 끼어들면, 대부분의 경우 스트레스를 받기 마련이다. 하지만 그 순간 이렇게 마음을 바꿔보자.

'그래, 내가 차를 운전하지 않았더라면 차로 인한 스트레스는 받지 않겠지. 하지만 내가 운전을 하고 있으니 지금의 스트레스는 당연한 거야' 라는 식으로 상황 자체를 인정하고 받아들이면 마음이 편해진다.

새로운 일에 관심을 갖거나 취미 생활하기

유머, 레크레이션, 단전호흡, 요가, 노래 부르기, 명상, 스트레칭, 댄스 등 새로운 일에 관심을 가져보는 것이 필요하다. 틀에 박힌 생활에 갇혀 있지 말고, 자신의 몸과 마음을 새롭게 충전해 주는 취미생활을 찾아서 스트레스를 발산해 보자. 여기서 '노래 부르기'는 밝은 노래를 말한다. 애인과 헤어졌을 때 '우린 너무 쉽게 헤어졌어요'를 부르면 나오지 않던 눈물도 금세 흐르지만, '올 가을엔 사랑할 거야'를 부르면 사랑이 금세 다가올 것 같은 느낌이 들게 된다. 그래서 기분이 좋아지고, 스트레스에서 다소 벗어난 느낌도 가질 수 있게 된다.

자신의 가치를 바로 알기

자신을 사랑하고 자신의 가치를 바로 아는 사람은 같은 상황이라도 스트레스를 덜 느끼게 된다. '나는 ∞만 잘해요'가 아니라 '∞을 잘하는 나의 가치'라는 것이다. 자신의 가치를 스스로 인정하면 스트레스를 극복할 수 있다. 왜? 난 소중하니까...

요리만 잘하는 사람의 경우라 해도, 잘하는 것이 요리밖에 없다고 여길 것이 아니라 요리를 잘하는 자신의 가치를 인정하라는 것이다. 자신의 가치를 스스로 인정하게 되면 스트레스의 강도가 보다 약화됨을 깨닫게 된다.

━ 자신을 가꾸기

　자신을 정성스럽게 가꾸고 거울을 보면 왠지 기분이 좋아질 때가 있다. 반면 세수도 하지 않고 빈둥거리다가 부시시한 모습으로 거울을 보면, 안 보이던 주름까지 눈에 뜨이면서 '어느새 세월이 이렇게 흘렀나' 하고 절로 한숨이 나오기 마련이다. 갑자기 '그동안 무얼 했나' 싶어지면서 허무해지는 느낌이 스트레스로 발전할 수 있으므로 평소에 자신의 모습을 가꾸는 노력이 필요하다.

━ 완전히 벗어나기

　스트레스를 받고 있다고 느끼면, 몸을 움직여라. 가만히 앉아서 가슴앓이를 하지 말고 박차고 일어나 분위기를 바꿔보자. 기분이 나아지면서, 방금까지 크게 느껴지던 스트레스의 강도가 줄어들고 있음을 발견하게 된다. 장소를 바꿔보는 것도 하나의 방법이 될 수 있다. 방금 전 크게 느껴지던 스트레스의 강도가 밖에만 나갔다 왔을 뿐인데 '될 대로 되라지' 또는 '아하~~ 누구한테 말하면 되겠구나!' 하고 해결점을 찾을 경우도 있다.

묵언의 규칙 바꾸기

'나는 반드시 그 일을 해야만 돼. 그 일이 이루어지지 않으면 나는 죽어 버릴 거야' 라는 식으로 극단적인 약속은 하지 말자. 그것이 이루어지지 않을 경우, 더 큰 스트레스를 받게 된다. '이렇게 되었으면 좋겠어. 하지만 이루어지지 않더라도 나는 괜찮아 최선을 다하면 되는거니까!' 라는 식으로 규칙을 가볍게 정한다.

걱정이 많은 사람이나 부정적인 사람과 가까이 하지 않기

근심이나 걱정은 전염이 무척 빠르다. 때문에 일이 뜻대로 되지 않을 때 걱정이 많은 사람을 만나면, 그 일을 극복하려고 하기보다는 부정적으로 생각하기 쉽다. 따라서 마음을 가라앉히고 해결책을 찾을 만한 여유를 갖고 싶다면 밝고 긍정적인 사람을 찾아 이야기하는 것이 바람직하다. 부정적인 생각을 가진 사람 가까이에 가면, 문제를 해결하는 것이 아니라 걱정만 배로 키우게 될지도 모를 일이다.

충분한 휴식과 영양 취하기

상대방이 '너는 왜 이리 살이 쪘냐?' 고 말했을 때의 자신의 반응을 살펴보면, 컨디션이 좋을 때는 '응, 난 물만 마셔도 살이 찌는 체질이야' 라고 하던 것을 컨디션이 좋지 않을 때는 '야, 나 살 찌는 데 보태준 것 있냐' 고 따지듯이 대꾸하여 상대방의 심기까지 불편하게 만드는 경우가 적지 않다.

대부분 경우 잠을 덜 잤거나 몸의 상태가 좋지 않을 때 민감하게 반응하고, 스트레스의 강도가 높아진다. 따라서 평소에 규칙적인 생활을 하도록 신경 쓰고, 충분하게 휴식을 취하면서 균형 잡힌 영양을 섭취하도록 한다.

감사하기

감사하는 마음을 가지고 있으면 감사할 일만 생긴다.
마음속으로 한번 주변에서 감사할 일을 찾아보자.

- 아이가 건강하게 자라는 것도 감사하다.
- 허리가 아프긴 하지만 그래도 거동할 수 있으니 감사하다.
- 수입은 적지만 일 할 수 있는 곳이 있다는 것이 감사하다.
- 부모님이 가난하지만 건강하게 옆에 계셔 주시니 감사하다.
- 남편이 직장은 없지만 내가 사회활동을 편하게 할 수 있게 해주니 감사하다.
- 아름다운 풍경을 볼 수 있는 눈도 감사하고, 어디든 다닐 수 있는 다리도 감사하고, 생각해보면 우리가 숨쉬는 공간에 있는 물, 공기, 전기등 모두가 감사하다.

사무실 스트레스 날리는 9가지 방법

쉼 없이 울려대는 전화벨, 목을 조여 오는 마감 시간, '혹시 이러다 잘리는 건 아닐까' 하는 걱정…. 직장인들에게 사무실은 매일 매일이 스트레스의 연속이다. 다음의 방법들을 참고해 나만의 사무실 스트레스 해소법을 찾아보자.

1. 스트레스의 원인을 파악한다.

내가 평소 무엇으로 인해 가장 많이 스트레스를 받는지 곰곰이 생각해본다. 다시 말해서 '스트레스의 주된 원인'을 찾아내는 것이 중요하다. 그 다음 그 원인을 제거 혹은 변화할 수 있는지 생각해 본다.

2. 손목 운동을 한다.

장시간 책상에 앉아 일하는 직장인들의 경우 이유 없이 축 늘어지거나 무기력한 원인은 대부분 손목이 피로한 데서 찾아온다. 가끔씩 잠시 일을 멈추고 3~4분 간 손목을 부드럽게 돌려주는 운동을 한다.

3. 일을 미루지 않는다.

"오늘 못하면 내일 하지 뭐." 이런 생각은 스트레스를 부르는 지름길이다. 자신이 맡은 업무나 일을 습관적으로 미루다 보면 결국엔 마감 시간에 쫓기게 되고 금세 기분이 나빠지게 마련이다. 가급적 자신에게 주어진 일은 제때 처리하도록 한다.

4. 마그네슘을 충분히 섭취한다.

마그네슘은 근육 경련이나 면역력 저하 등과 같은 스트레스로 인한 증상을 감소하는 데 도움이 된다. 마그네슘이 많이 함유되어 있는 음식으로는 푸른잎 채소, 아몬드, 밤, 호두, 꿀, 시금치, 참치 등이 있다. 마그네슘 보충제를 섭취하는 것도 좋다.

5. 물을 많이 마신다.

체내에 수분이 부족하면 몸이 축 처지고 무기력해진다. 물을 마시면 체내에 산소가 충분히 공급되기 때문에 활력이 도는 것은 당연지사다. 가급적 물을 자주 마시도록 하며, 이때 적당한 양은 하루에 1리터 이상이다. 생강차도 좋다.

6. 기분 좋은 상상을 한다.

　가끔씩 하던 일을 멈추고 눈을 지긋이 감은 후 평소 가고 싶던 곳에 가 있는 상상을 해본다. 가령 미풍이 잔잔히 부는 바닷가에 앉아 있는 상상을 하는 것도 좋다. 다른 사람에게 들었던 칭찬을 적어놨다가 언짢을 때 꺼내보고 스스로를 다독여보자.

7. 심호흡을 한다.

　숨을 깊게 들이마신 상태에서 15까지 센다. 이때 어깨를 높이 올려준다. 숨을 내쉴 때에도 역시 어깨를 천천히 내려주는 것을 잊지 않는다. 크게 하품을 하는 것도 좋은 방법이다.

8. 비타민 C를 충분히 섭취한다.

　스트레스를 받는 만큼 비타민 C 소모량도 증가한다. 매일 4~7개의 오렌지나 사과를 먹는 것이 좋다.

9. 잠깐 낮잠을 잔다.

낮잠을 자고나면 머리가 더 맑아지고 능률도 오른다. 낮잠은 10분 정도가 적당하다.

_적재적소

"민수 저 사람을 어찌해야 하지?" 하고 판매부장이 불평을 했다.
"지금까지 5번이나 자리를 옮겨 줘 봤지만 어디다 옮겨 봐도 졸 일 졸기만 하니 말이야."
"잠옷 파는 데로 배치해 보시지요." 하고 차장이 말했다.
" 이 잠옷은 너무나 품질이 좋아서 판매를 맡은 사람마저도 깨어 있을 수 없게 만듭니다 라고 써 놓으면 되잖아요."

_미니 스커트

여름이라서 그런지 어느 새 거리의 옷 색깔부터 여자들의 치마 길이가 부쩍 짧아졌다.
지나가던 할머니가 그 모습을 보고 한마디했다.
"나 같으면 저런 꼴로는 집에나 있겠다. 나다니지를 않는다고."
옆에 있던 할아버지가 "아니, 임자가 저런 꼴이라면 나 역시도 집에 있지 나오질 않았을 거라구" 하고 할아버지가 대꾸했다.

위의 유머를 보면 나름대로 감정을 자제하고 상황에 대처하는 모습이 보인다. 직설적인 표현보다는 감정을 자제하고 유머로 표현할 때 상대방은 들으면서도 본인의 잘못을 깨닫게 되어있다. 주변에서 보면 남에게 충고를 잘하는 사람이 있는데 충고는 잘해야 본전이다. 충고를 하는 사람이 나보다 위라고 생각할 때나 존경의 대상일 때를 제외하고 동등한 입장인 경우 충고나 직설적인 표현은 가능하면 삼가는 것이 좋다. 나도 모르게 그것이 상대에게 깊은 상처가 될 수도 있기 때문이다.

 웃.으.면.행.복.하.고.웃.기.면.성.공.한.다.

4부 유머 기법

유머를 잘하려면 단순하게 생각하라

유머를 잘하려면 단순하게 생각하라
유머의 종류
유머 감각을 증진시키는 방법
아이디어 발상법 - 고정관념 깨기
웃어봅시다

 유머를 잘하려면 단순하게 생각하라

유머 강의를 하다보면, 유머를 유머 자체로 받아들이는 것이 아니라 내용을 분석하고 따지는 분들이 간혹 계셔서 분위기가 썰렁하게 가라앉는 경우가 생기기도 한다. 한번은 넌센스 유머를 예로 들어 말하는데, 유머를 복잡하게 생각하시는 어느 분 때문에 분위기가 사뭇 어색했던 적이 있었다.

STORY 47

왕이 입는 옷 : 용포

왕이 앉는 자리 : 용상

왕의 얼굴 : 용안

(문) 왕의 거시기? ──── (답) 드레곤볼

모두들 유머로 받아들였기에 유쾌하게 웃으시는데, 유독 한 분은

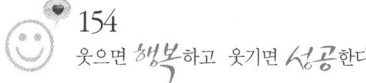

인상을 쓰시더니 언성을 높이며 말했다.

"강사님, 그렇게 왕을 모독해도 되는 겁니까?"

순간, 분위기가 썰렁해지면서 많은 시선이 그분에게로 쏠렸다.

그때 어느 여자 분이 웃으면서 말했다.

"어머, 그것도 유머죠? 아저씨, 유머는 복잡하게 생각하면 재미가 없어요. 그냥 웃으세요."

결국 머쓱해진 그분은 밖으로 나가시고 말았다.

"유머는 유머일 뿐 절대 복잡하게 생각하지 마세요. 듣고 웃었다면, 그것만으로 유머의 가치를 찾은 것입니다."

유머를 즐기는 마음은 어린이와 같은 순수한 마음이다. 상대를 기분좋게 하려는 배려와 긍정적이고 낙천적인 마음, 그것이 바로 유머의 기본정신이다. 굳이 따진다면 어법에 틀릴 수도 있고, 그것이 왜 그런지 따지다보면 말이 안 되는 경우도 있다. 그러나 웃고 넘어가도 될 것을 굳이 이유를 묻거나 따져서 무엇 하겠는가? 웃을 건더기가 없어도 웃겠다는데… 정서가 안정되어야 잘 웃게 되고 화도 안내는 건 당연한 일이다. 내 마음이 괴로우면 웃는 사람의 얼굴도 보기 싫다고 하지 않던가! 그럼에도 불구하고 웃자고 하는 건 더불어 웃는 사회, 그래서 밝은 사회를 만들어가자는 것 아닌가?

유머 감각을 기르는 데는 순발력이 필수적인 조건이다. 만약 자신의 순발력이 부족하다고 생각되면, 기존에 나와 있는 유머를 보고 다음에 나올 내용을 나름대로 재미있게 표현하는 연습을 해보자. 이런 연습이 쌓이게 될 때, 어느 순간 나의 순발력은 놀랄 만큼 발전되어 있을 것이다.

　유머를 전달할 때 상대방의 웃음을 유도하는데 실패하고 분위기가 썰렁하게 되어 오히려 머쓱해 하는 경우가 많이 있다. 남 앞에서 유머를 꺼냈을 때는 나름대로 상대방에게 웃음도 선사하고 분위기도 화기애애하게 만들려고 했을텐데 도리어 난감하게 되었으니 참 안타까운 일이 아닐 수 없다. 사람들이 유머의 연출에 실패하는 것은 몇 가지 지켜야할 원칙을 지키지 않아서인데 내가 평소에 알고 있는 것을 소개한다면,

　첫째, 유머를 이야기할 때는 자신감을 갖고 연출해야 한다.
　둘째, 듣는 사람들의 수준을 얕잡아 보고 너무 자세하게 설명해서는 안 된다.
　셋째, 논리적으로 지나치게 비약하거나 황당하게 스토리를 전개해서는 안 된다.
　넷째, 전달하고자 하는 이야기의 내용을 철저히 이해하고 기억하고 있어야 한다.
　다섯째, 너무 오래된 유머나 시대에 뒤떨어진 것을 하지 말고 요즘 유행하는 것, 그리고 모두가 같이 웃을 수 있는 것으로 한다.

_아들

하나뿐인 아들이 허구한 날 술에 쩌들어 살았다.
아버지는 오늘도 거실에 나와 아들을 기다리고 있었다.
드디어 현관문이 열리고 변함없이 비틀거리며 아들이 들어온다.
아버지가 큰 소리로 이렇게 말했다.
"야, 임마. 너처럼 술에 쩌들어 사는 놈에게 내가 이 집을 물려줄 것 같으냐? 으이그 뭐가 될려고 저러는지.."
아들이 눈에 초점을 맞추려 애쓰면서 이렇게 대답했다.
"저두요, 이렇게 빙빙 도는 집은 필요 없어요."

# 유머의 종류

상대방의 예측을 깨는 유머

유머의 대부분은 상대방의 예측을 깨는 것이다. 왜냐하면 유머 자체가 고정관념을 깸으로써 웃음을 유발하기 때문이다. 누구나 보편적으로 생각하는 것을 말해서는 웃음을 유발할 수 없다. 이야기의 순서나 표현방식을 조절함으로써 상대방이 갖고 있는 고정관념을 여지없이 무너뜨림으로써 웃음을 유발시키는 것이다.

이와 달리 상대가 내게 꺼낸 말을 엉뚱하게 곡해하거나 비약시켜서 웃음을 이끌어낼 수도 있다. 사람들 사이에서 '순발력이 좋다'고 평가받는 사람들은 대부분 이런 능력이 뛰어난 사람들이다.

이 방법을 쓰려면 일단 상대의 말속에 포함되어 있는 전제를 재빨리 변형시킬 수 있어야 한다. 상대는 A를 전제로 하여 얘길 꺼냈는데 내가 그것을 B로 받아들여 응수하면, 누구나 순간적으로 어안이 벙벙해지고 말문이 막히기 마련이다. 말귀를 못 알아듣는 척하며, 느닷 없는 대답을 함으로써 웃음을 이끌어내는 것이 이 방법의 포인트이다. 물론 실제로는 말귀를 빠르고 정확하게 알아들어야만 비로소 쓸 수 있는 방법이기도 하다.

_상황 1

거지가 동냥을 하고 있다. 지나가던 남자가 바구니에 천원을 넣어주니, 거지가 한 마디 한다.

"손님! 2년 전엔 만원씩 주다가, 1년 전엔 5천원, 그리고 지금은 왜 천원으로 줄었죠?"

손님이 자세히 설명한다.

"2년 전엔 내가 총각이었지. 그리고 1년 전엔 결혼을 했어. 그리고 지금은 내가 아빠가 된 거지."

그러자 거지가 화를 내며 말한다.

"아니, 그럼 여태까지 내 돈으로 생활했다는 겁니까?"

_상황 2

박봉에 시달리던 사원이 사장실에 들어갔다.

"저어, 어젯밤에 집사람하고 의논했는데요, 지금 월급으로는 도저히 두 사람이 먹고살기 힘들다는 결론이 나서……"

사장이 황당하다는 표정으로 대꾸했다.

"그래서 지금 나한테 이혼문제를 상의하러 온 건가?"

_상황 3

어느 노인이 의사를 찾아왔다.

"선생님 제 왼발이 왜 이리도 저릴까요?"

"그건 다 연세 때문입니다."

"그럼, 오른발은 왜 같은 나이인데도 이렇게 멀쩡한 거죠?"

위의 상황들은 누구나 생각할 수 있는 틀에서 벗어나 웃음을 유발한 경우다. 당연히 나와야할 대답에서 생각의 틀을 깨면 결국 그것이 유머가 되는 것이다. 너무 황당하기도 하고 기상천외하기도 해서 웃게 되니까 말이다.

_단어의 차이에서 느끼는 유머

옷깃이 스치는 것 : 인연

옷 속이 스치는 것 : 연인

에덴동산에서 "아담아! 왜 선악과를 따먹었느냐?"고 물었을 때,

"쟤가 따먹으랬어요"라고 대답하면 : 변명

"저는 이브를 사랑합니다"고 대답하면 : 이유 (사랑하는 사람이 권하는 것을 안 먹을 수 없기 때문에)

"너도 지난번에 나한테 돈 안 빌려줬잖아" 하고 거절하면 : 복수
"너는 내게 안 빌려줬지만, 난 빌려줄게!" 라고 대답하면 : 증오

'2+2=4' 라고 써놓고, '왜 4지?' 하고 고민하는 사람 : 신경쇠약증 환자 (필요 이상의 신경을 쓴다는 뜻)
'2+2=5' 라고 써놓고, '맞다' 고 생각하는 사람 : 정신분열중 환자 (당연히 아닌 걸 갖고 우기는 사람)

라즈니쉬가 인도를 여행하며 남녀를 보고 "저 둘은 연인 사이구만" 했더니 옆에 있던 제자가 묻는다. "아니, 스승님 어떻게 얼굴만 보시고 아십니까?" 라즈니스쉬가 말하기를, "둘의 표정이 살아있지 않은가?"

- 음식점에 가서 서로 먹으라고 권하고 반찬을 집어다 주면 애인, 각자 퍼먹으면 부부
- 택시를 타자마자 어깨에 손을 얹으면 애인, 각자 창밖을 쳐다보면 부부
- 물건을 사러가서 "여기 제일 이쁘고 좋은 것 좀 꺼내봐요" 하면 애인, "대충 아무거나 빨리 고르지" 하면 부부
- 찜질방 가서 아무리 더워도 붙어 있으면 애인, 각자 떨어져 있다가 나올 때 어쩌다 마주치면 부부

라고 하니, 요즘 부부들! 어째서 서로를 이리 대우하시는지 알다가도 모를 일이네.

교육 : 어떻게 하면 임신이 될까요?
현실 : 어떻게 하면 임신이 안 될까요?

아이를 낳았는데,
아빠를 닮았으면 : 유전
뒷집 아저씨를 닮았으면 : 환경

코를 파는데, 이쑤시개로 파는 사람 : 변태자
코를 후벼야 하는데, 귀를 후비는 사람 : 동성 연애자

트럭뒤에서 소변보다가 차가 떠나도 끝까지 소변 보면 : 용기
트럭 쫓아가면서 소변 보면 : 오기

작품을 보고 가슴이 찡하면 : 예술
딴 데(?)가 찡하면 : 외설

모두가 웃는데, 뒤가 찜찜해하는 사람이 있으면 : 블랙유머
내용이 이해 안 되다가도, 집에 가서 웃음이 나오면 : 고급유머

신혼 : 같이 있게 해주세요
구혼 : 같이 잊게 해주세요

꼬르륵 : 못 먹어서
꾸르륵 : 많이 먹어서

저층에서 떨어지면 : 쿵 아아아악
고층에서 떨어지면 : 아아아아아악 쿵!

▶ 멋지게 한 방 날리는 유머

철학가인 칸트의 소매가 약간 헤어져 있었는데, 그것을 본 남자가 칸트를 야유하듯 말했다.
"여기에 바로 선생의 학식이 삐져나와 있군요. 하하하"
이 말을 들은 칸트는 아무렇지도 않게 대꾸했다.
"음, 무식이 그만 학식을 보고 말았군."

정신병원에 새로 들어온 환자가 의사에게 말했다.
"모두 먼저 있던 선생님보다 선생님을 더 많이 좋아하고 있어요."
이 말을 들은 의사가 어깨가 으쓱해져서 물었다.
"그래요? 그런데 왜죠?"
"왠지 선생님은 우리들과 비슷한 것 같아서죠."

▶ 외국어를 이용한 유머

'잘 모르겠는데요'를 여러 나라 말로 바꿔보자.

영어 : 아이 던 노

일어 : 아리까리

인도어 : 알간디 모르간디

중국어 : 꺄우뚱

불란서어 : 알쏭달쏭

독일어 : 애매므흐

아프리카어 : 긴가민가 긴가민가

Beautiful에서 t를 빼면? : 티 없이 아름다운

Why not see you? : 왜 (아이를) 낳시유?

유머감각을 증진시키는 방법

TV, 신문, 인터넷, 라디오에서 소재를 찾아라.

유머의 소재는 관심을 가지고 있으면 어디서든 찾을 수 있다. TV에서 재미있는 프로를 보면서 메모하는 습관을 들이는 것도 한 방법이다.

STORY 56

탤런트 안문숙씨 엄마의 경우, 보통 개그맨 이상으로 재미있다고 한다. 그 분이 처음 강남에 왔을 때 지하 출구가 워낙 많아서 30분가량을 반복해서 올라갔다 내려갔다 했다고 한다.
다리도 아프고 화도 난 김에 지나가는 남자를 붙들고 이렇게 물었다고 한다.
"도대체 사람 나오는 구멍이 몇 개요?"
지나가는 남자가 대답하기를······.
"아, 제가 알기에 한 개로 알고 있는데요."

4부 유머기법_165
유머를 잘하려면 단순하게 생각하라

이밖에도 신문이나 인터넷을 하다 보면 유머가 필수로 실리는데, 그것을 스크랩해 놓으면 훌륭한 자료 모음집이 된다.

― 실수담을 모아라.

실수나 에피소드를 모으면 생생한 유머 소재가 된다.
나의 실수담을 소개해 보려고 한다.

STORY 57

_황금 이

대학졸업을 앞두고 친구의 꼬임에 이를 하게 되었는데, 가지런한 이가 완성될 때까지 가짜 노란 이를 일주일간 끼고 있어야 했다. 그때 마침 놓칠 수 없는 선이 들어왔는데, 거절할 수가 없어 만나기로 했다. 되도록 어두운 곳에서 만나고, 만난 다음에는 웃지 말고 다소곳하게 얘기를 들어주자고 마음먹고서…….
그럭저럭 괜찮은 분위기에서 이야기를 나눈 다음, 서로의 연락처를 주고받고 헤어졌다.
"저는 볼일이 있어서 오늘은 돌아가 봐야겠네요. 그럼, 안녕히 가세요."
상대편 남자가 가는 것을 확인한 후 돌아서서 지하철역으로 갔는데, 불빛이 훤한 그곳에서 갑자기 "인옥 씨~"하고 누가 부르는 것이 아닌가?

돌아보니 방금 전의 그 남자였다.

"어머, 아직 안 가셨어요?" (활짝 웃는 모습)

순간, 그 사람의 시선이 내 노란 이에 꽂히는 것을 보았다.

'아차'하는 순간, 나는 '끝'을 생각했다.

그 후 연락은 오지 않았고, 살면서 가끔 '그때 웃지만 않았어도……'하고 후회할 때가 있다. 그 때 정말 웃지만 않았어도 뭐가 달라졌을까?

STORY 58

_이름으로 올려주시던 선생님

중학교 때 수학 선생님은 수학 문제를 풀 때마다 학생들의 이름을 가지고 올렸다 내렸다 하셨다.

한금선이 문제를 잘 풀면 '두금선 세금선', 문제를 틀리면 '영금선'.

나도 박인옥에서 '박인 다이아몬드'까지 올라갔었다.

어느 날 학생들은 선생님의 이름도 올려드리기로 했다.

'주락 동'(똥으로 발음되니까)에서 '주락 오줌'으로!

_착각은 자유

병원에 입원해 있을 때, 같은 병실에 암으로 입원하신 할머님이 계셨다.

'밥 좀 줘, 밥 좀 줘' 하고 매일 먹을 걸 찾던 할머니께서 밥 한번 제대로 드시지 못하고 위독해지시자, 시골집으로 모시기로 하고 퇴원하셨다. 내가 사드린 빨간 내복을 꼭 잡으시고……

그리고 한 달 후 전화가 왔다. 할머니의 아들이었다.

호텔 커피숍이었는데, 고맙다는 인사와 함께 자그마한 선물을 전해주셨다.

"이젠 나가시죠."

뒤를 따라 나가는데, 위층으로 가기에 무심코 따라서 올라가 보니 객실이었다.

"아니, 점잖게 봤는데……."

찰싹! 순간, 따귀를 올렸다.

"아니, 아무리 착각은 자유라지만……. 저기가 주차장이잖소?"

손짓하는 곳으로 나와 보니 분명 주차장이었다. 그런데 나가 보면 1층 주택가였다.

'분명 호텔에서 한층 올라왔는데……. 참 이상하다.'

착각은 자유라더니 그때를 생각하면 공연히 내가 얼굴이 빨개진다.

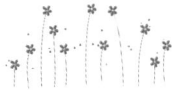

"웃음은 마음의 치료제일 뿐 아니라, 몸을 아름답게 한다.
웃는 사람보다 더 아름다운 사람은 없다."
〈칼 조세프 쿠셀〉

"웃지 않는 사람과는 거래하지 말라."
〈중국 속담〉

✤

> ━ 여유를 가지고 마음을 열어라.

  정서가 안정되어 있어 늘 밝은 표정을 지으면 주변에 사람이 많이 모이게 된다. 알고 있는 유머를 훌륭하게 구사하면, 사람들도 재미있어 하면서 제각기 자신들이 알고 있는 유머를 풀어놓기 마련이다. 늘 마음을 열어놓고, 사람들의 말에 귀를 기울이는 것이 유머를 잘하는 첫걸음임을 명심하자.

> ━ 유머의 가치를 절실히 느껴라.

  무엇이든지 자신에게 필요하다고 느껴야 관심을 갖게 된다.

━ 생활 속에서 유머를 찾아라.

유머의 세계는 사람들을 다양한 세계로 이끌어간다. 유머를 이해하기 위해서는 역사, 문화, 예술, 정치, 종교 등 다방면에 걸쳐 풍부한 지식이 요구된다. 풍부한 지식을 갖지 않고는 도저히 상대방의 유머를 자기의 것으로 소화시킬 수 없다. 주는 떡도 받아먹지 못한다는 말도 있듯이, 격이 다르거나 격이 낮으면 높은 수준의 유머를 구사하는 상대방의 유머를 도저히 이해할 수 없는 처지가 된다.

지식이 없는 유머는 위트가 없기 때문에 말장난으로 그치기 쉽다. 물론 지식이 없다고 웃음을 자아내지 못하는 것은 아니다. 우스갯소리도 있고 넌센스도 있지 않은가! 그러나 유머 단계까지 끌어올리는 것은 불가능하다. 재미있는 간판 읽기, 유머 광고 카피 메모, 그 외 책을 읽다가도 인상적인 유머 소재를 발견하는 경우가 적지 않은데, 평소에 해박한 지식을 갖춰서 한 단계 업그레이드된 유머를 구사해 보도록 하자.

━ 유머 쪽지를 준비해라.

유머 쪽지에 적을 수 있는 유머로는 삼행시나 넌센스 퀴즈를 들 수 있다. 쪽지에 적은 유머를 곳곳에서 상황에 맞게 활용한다.

> ━ 유머 노트를 준비해라.

 유머의 특징은, 듣고 나서 뒤돌아서면 바로 잊어버린다는 것이다. 그러니 항상 단어를 적어놓거나 아니면 간단하게 유머를 요약해서 기록하는 것이 효과적이다.
 '할머니, 소개팅, 교육, 신경쇠약, 인연, 오기' 등.

> ━ 기존에 나와 있는 유머를 나름대로 억양, 제스처, 사투리를 넣어 연습해 본다.

 유머 책을 읽다가, 사투리로 말해야 재미있을 것 같다고 생각되는 부분을 소리내어 말해본다. 책 읽듯이 하거나, 억양의 변화가 없이 전했을 때 썰렁하다는 소리를 듣게 되는 경우가 많다. 그러나 사투리를 섞어서 해보거나, 표정을 지어서 유머를 해보면 훨씬 재미있다는 것을 느낄 것이다.

 # 아이디어 발상법 - 고정 관념 깨기

1. 심각한 사람들에게서는 아이디어가 절대로 나오지 않는다.

유머와 창의성은 밀접한 관계다. 그러므로 일할 때 재미가 있어야 창의적인 생각도 나므로 우선 마음을 즐겁게 하자. 그러면 저절로 아이디어가 떠오를 것이다.

2. 무언가 서로 다른 두 가지를 합쳐 보자.

재미있는 아이디어가 나올 것이다. 허친스라는 사람은 자명종과 시계를 결합하여 자명종 시계를 발명했다. 리프먼은 연필과 지우개를 합쳐 지우개 달린 연필을 만들었으며, 어떤 이는 걸레에 막대기를 붙여 대걸레를 만들었다.

3. 아이디어를 내는 일은 문제를 해결하는 일

문제가 무엇인지 잘 알기만 하면 답은 그 속에 있는 것. 과학자들도 어떤 문제의 답이 있다고 생각하고 문제를 풀면 태도가 바뀐다고 했다.

4. 마음속에 목표를 정해라.

아이디어와 관련된 장면을 상상하며, 칭찬 받고, 감사의 말을 듣고, 보상받는다고 상상하면 그렇게 될 것이다.

5. 정보, 정보, 정보! 아이디어는 정보에서 나온다.
"낡은 요소의 새로운 조합"이라 했다.

낡은 요소를 얻는 방법은?
(1) 틀에서 벗어나 본다.
(2) 무언가를 새로운 눈으로 보자.

6. 생각하는 방식을 한 번 바꿔보자.

(1) 시각적으로 생각해 보자.

아인슈타인은 언어로 생각한 적이 한 번도 없다고 한다. 개념이 이미지로 먼저 떠오르면 그것을 언어나 공식으로 표현했다는 것이다.

(2) 수평적으로 생각하라.

논리를 무시해보면 재미있는 아이디어가 나온다.

무가 하나 있다고 말하면서, '무의 용도'를 5개 적어보라고 한다.

1. 깍두기를 담는다.
2. 생선조림에 넣는다.
3. 냉면에 넣어 먹는다.
4. 배추김치 속에 넣는다.
5. 무말랭이를 해 먹는다.

위와 같이 적었다면, 모범답안이라고 말할 수 있다. 하지만 무에 대한 고정관념을 깨지 못한, 유머 감각과는 아주 거리가 먼 답의 전형적인 예라고 볼 수 있다. '무' 하면 '김치, 먹는다'라는 틀에 박힌 사고방식에서 벗어나야만 유머 감각을 키울 수 있다.

1. 치한이 나타날 경우를 대비해서 넣고 다닌다. (던지려고)
2. 예쁘게 조각을 한다.
3. 소화제 대용으로 조금씩 잘라서 가지고 다닌다.
4. 볼링 공 대신으로 연습한다.
5. 앞니로 무를 가는 쇼를 위해 항상 준비해 둔다.

 이렇게 답을 했다면, 엉뚱한 발상이긴 하지만 고정관념을 깼다고 볼 수 있다. 우리는 사물을 판단할 때 흔히 자기 상식으로 판단하려는 경향이 있다. 그러나 유머 감각을 키우기 위해서는 그러한 상식에서 탈피해야한다. 상식적인 이야기를 해서는 아무도 웃지 않는다. 다른 사람에게 유머를 전하려면, 틀에 박힌 사고방식을 과감하게 깨야 한다.

웃어봅시다.

여러분! 반갑습니다. 좋은 날입니다.
웃어봅시다. 웃어보세요. 웃을 일이 없으시다구요?
그렇지 않습니다. 마음을 조금만 바꿔보세요.
욕심을 조금만 줄여보세요. 조금만 달리 세상을 보십시오.
얼마나 좋은 세상입니까?
사람으로 태어난 것만으로도 행복해 해야 하지 않겠습니까?
정말 즐겁구나, 진짜 신난다!
웃음이 저절로 나옵니다.
이제 한 번 크게 웃어봅시다.
멋지게! 시원하게! 기분 좋게!
하하하! 하하하하하! 하하하하하하하! 하하하하하하하하
얼마나 좋습니까!

웃으면 복이 굴러들어 온다구요.
인상이 좋아지지요. 몸과 마음이 건강해지지요.
좋아하는 사람 많아지지요. 하는 일마다 모두 잘 풀리지요.
얼마나 좋은 일입니까?
그런데 왜 아까워하십니까?
아끼지 마세요.
웃음은 절약하는 것이 아니라구요.
웃음에 인색하다보면 모두 다 없어져 버린다니까요.
우리 모두 다 함께 크게 웃어봅시다!
하하하!하하하하하!하하하하하하하하!하하하하하하하하하!

웃음과 운동

▶ 유산소 운동과 더불어 웃음이 명약!

조금 먹고, 많이 걷고, 자주 웃는 것은 누구나 강조하는 뱃살빼기의 비결이다. 무엇보다 걷기나 달리기, 자전거 타기 등 체질에 맞는 유산소 운동이 최고이며 일주일에 세 번 이상, 한번에 30분 이상, 3개월 이상을 지속하는 333법칙이 적용돼야 효과를 볼 수 있다. 걷기 등의 유산소 운동은 다리와 허리 근육을 지속적으로 움직여 주는, 말 그대로 자율진동, 귀찮더라도 생활 습관을 걸어 다니는 쪽으로 바꾸는 것만으로 뱃살이 들어간다. 여기에 빼놓을 수 없는 것이 웃음요법. 이 때의 웃음은 기분을 상쾌하게 하는 미소 정도가 아니라 뱃살을 자극하는 엄연한 운동이라는 것을 명심할 것. 크게 "하하하" 웃을 때 뱃살이 진동하도록 호탕하게 웃는 것이 포인트이다. 가슴이 답답한 사람은 처음에는 쉽지 않지만 계속 아랫배가 진동하는 웃음을 웃으면 눈물, 콧물을 쏟으며 몸이 정화되는 강력한 처방법이다. 아랫배를 주먹으로 통통통 두드리는 워밍업과 함께 웃는 운동을 하는 것도 좋다.

▶ 아침, 저녁 잠자리에서 복근운동

배의 내장기관을 잘 지탱해 주는 운동을 하면 배를 단련시키고 뱃살을 뺄 수 있다. 매일 아침, 저녁으로 잠자리에서 10~20분씩 해주는 것이 좋다. 복근 운동을 하고 난 후에는 틈틈이 배를 주물러주거나 손바닥을 비빈 후 따뜻해진 손바닥으로 배 전체를 시계방향으로 돌려주면 더욱 효과적이다.

1. 누워서 양손을 배에 올려놓은 후 배에 힘을 주었다 뺐다를 되풀이한다.

　처음에는 강도를 약하게, 나중에는 집중적으로 최대한 당겼다 풀어주면서 진동을 하다보면 저절로 집중이 되는 부위가 있다. 이 부위에 집중하면서 리듬을 타듯 진동을 주면 내장기관이 살아나는 것을 느낄 수 있다.

2. 누운 상태에서 다리를 쭉 펴고 아랫배에 힘을 주고 다리를 45도 들었다 내리기를 되풀이한다.

　요통이 있는 사람은 삼가는 것이 좋다. 이 운동을 통해 복근이 강화된 후에는 상체와 하체를 V자로 들어올리는 것도 시도해 본다. 이 때 복부에 집중하면 뱃살들이 쉴새 없이 진동을 하면서 지방이 연소되는 것을 느낄 수 있다.

3. 양손을 목 뒤에 깍지끼고 무릎을 세운다.

　이 자세에서 오른쪽 팔꿈치와 왼쪽 무릎, 왼쪽 팔꿈치와 오른쪽 무릎을 엇갈려서 부딪히는 동작을 취한다. 이 동작을 취한 상태에서 배에 집중하면 뱃살이 진동하는 강력한 효과는 물론 허리 전체를 날씬하게 하는 효과를 볼 수 있다.

4. 등을 대고 누운 상태에서 양손을 깍지껴 머리 밑에 놓고 양 무릎을 세운다.

　이 자세에서 천천히 배를 위로 들어 올린다. 이 때 조용히 입으로 숨을 내쉬는 것이 포인트이다. 숨을 다 내쉬고 나서는 다시 원위치한다.

이 동작은 배설기능을 자극해 한 달쯤 지나면 현저히 줄어든 허리둘레를 확인할 수 있다. 허리를 들어올렸을 때 뱃살 진동을 맛보려면 "이크"라는 발음을 내는 것도 좋다. "이크"는 배를 진동시키는 발음이므로 내장기관을 자극하는 효과를 볼 수 있다.

얼굴편

▶ 턱 진동

턱을 좌우로 돌려준다. 좌우로 돌리는 것이 자연스러워지면 위, 아래로도 돌려준다. 입을 크게 벌리고 턱으로 무한대를 그려준다. 처음에는 잘 안되지만 계속 할수록 익숙해지고 유연해 지는 것을 알 수 있다. 특히 턱은 신장과 연관된 부분으로 턱을 진동하면 신장으로 흐르는 경락을 자극시킬 수 있다. 무서움을 잘 타고 하품을 많이 하는 사람에게 효과적인 진동법이다.

▶ 구강 진동

발성을 내면서 구강의 진동에 집중한다. 발성을 하면 얼굴 근육에 자극이 가는 것은 물론 입 안과 성대까지 진동한다. '아, 에, 이, 오, 우'의 발음을 최대한 크게 하면서 당기는 얼굴 근육에 집중하다 보면 얼굴 전체에 탄력이 생긴다. 기운을 타다 보면 특정 발음이 계속될 수도 있고 입 모양이 여러 가지 형태가 나올 수 있는데 이 때는 그 흐름에 맡기면 된다.

▶ 귀 진동

 귀도 진동을 한다고? 대부분의 동물과 소수의 사람만이 귀를 움직일 수 있다. 이미 퇴화단계에 이른 움직임을 찾는 것도 생명에너지에 이르는 한 방법이다. 토끼처럼 귀를 쫑긋쫑긋 해보자. 처음에는 잘 되지 않지만 갈수록 귀의 움직임이 크고 자연스러워진다. 귀를 진동하다 보면 태양혈이 자극을 받게 되고 오감을 넘어선 뇌의 감각이 깨어난다. 귀가 잘 움직여지는 사람은 양쪽 귀를 번갈아 쫑긋거려 보자.

▶ 코 진동

 코는 얼굴의 기둥이다. 체내 장기 중에는 비장과 관련이 있다. 비위가 약하고 트름을 자주 하는 사람에게 효과적인 진동. 코를 진동하는 가장 쉬운 방법은 양 미간을 찡긋 거리는 것. 콧잔등에 주름이 지면서 주변의 피부가 단련된다. 좀 더 세밀한 진동으로는 콧구멍을 벌렁거리는 것이 있는데 양쪽 콧구멍을 번갈아 벌렁거리기 위해서는 섬세한 노력이 필요하다.

▶ 혀 진동

   원주민들의 전통 춤을 보면 온몸을 사정없이 흔들어대는데, 그 중에는 혀를 내밀었다 당겼다 하면서 춤을 추는 부족도 있다. 신기하고 재미있기는 하지만 점잖은 문명인으로써 절대 따라하고 싶지 않을 거 같다. 하지만 자율 진동은 신피질과 구피질을 넘어 본래의 생명의 떨림에 이르는 것. 한번쯤 고정관념을 탈피하고 파충류처럼 혀를 진동해 보자. 뇌에 신선한 충격이 될 것이다.

▶ 볼 진동

   양 볼에 집중하면서 입을 약간 부풀린다. 입안의 물을 헹궈내는 동작을 하면서 볼을 움직인다. 볼 전체가 시원해지고 부드러워질 때까지 하는 것이 좋다. 왼쪽 뺨은 간과 연관이 있고 오른쪽 뺨은 폐와 연결되어 있으니 볼을 진동하는 것으로 간과 폐에도 자극을 줄 수 있다. 화를 잘 내거나 재채기를 자주 하는 사람에게 효과적인 진동이다. 또한 볼에 살이 많아서 고민인 사람은 수 차례의 진동을 통해 얼굴의 군살 제거에도 도움이 될 것이다.

▶ 목 진동

목의 진동은 외부의 진동과 내부의 진동으로 나눌 수 있는데, 여기서는 외부의 진동을 다루기로 한다. 목을 돌리거나 늘려주는 것이 그것인데 자연스럽게 기운을 타면서 하다 보면 속도가 점차 빨라지는 것을 느낄 수 있다. 위 아래, 혹은 좌우 정신없이 목이 돌아가기도 한다. 목 진동을 할 때는 천천히 목을 돌려 충분히 목을 풀어주고 하는 것이 무리가 없다. 또 진동의 과정에서도 목에 완전히 힘을 뺀 상태로 진동을 하는 것이 요령이다.

▶ 눈과 이마의 진동

눈을 감았다 뜨는 것. 눈동자를 굴리는 것이 진동의 기본이다.
이마 진동은 이마를 찡그리는 것으로 시작한다.
이마를 찡그리는 것이 잘되면 정수리의 머리 가죽이 이마를 당기는 연습도 함께 하길 바란다. 특히 이마는 오행상 심장과 연관이 있으므로 잘 놀라거나 심장이 약한 사람이 해주면 좋다.

앞가슴편

스트레스가 쌓여 답답할 때, 일이 뜻대로 풀리지 않아 화가 치밀 때 자기도 모르게 가슴을 치는 행위도 자율진동이다. 순간적으로 답답하게 막힌 임맥선을 두드리기 위해 손은 뇌보다 먼저 가슴으로 향한다.

▶ 고개 들고 가슴살 떨기

반듯이 누운 상태에서 가슴 정 중앙에 실을 하나 매달았다고 상상한다. 그 실을 위에서 쭉 당긴다는 느낌으로 상체를 들어준다. 이 상태에서 단전에 힘을 주고 가슴살이 진동하는 것을 느껴보자.
가슴 부위 세포 하나하나의 진동에 집중한다. 운동량이 상대적으로 적은 가슴 근육을 탄력있게 단련하는 효과를 볼 수 있다. 처음부터 너무 무리하지 말고 차츰 횟수와 시간을 늘려가는 것이 좋다.

▶ 두 손 모아 가슴치기

반가부좌 자세에서, 양 손바닥을 맞대고 합장한 상태에서 팔에 반동을 주어 가슴을 두드린다. 가슴 중앙부터 두드리다 보면 차츰 막혀 있는 곳을 집중적으로 두드리게 된다. 그 느낌에 충실하면서 가슴이 시원해질 때까지 두드려주기를 반복한다.

나중에는 가슴에 국한하지 않고 손이 가는대로 내맡기면 된다.
(참고 joant.hihome.com/noname28.htm)

자, 웃음과 유머로 인하여 삶이 행복해지고, 몸은 더 건강해지며 의욕이 불타오른다면 이 한 권의 책으로 인하여 당신의 삶이 변화되는 것을 느끼고 더 행복해진다면, 저자로서도 기쁘지 않을 수가 없을 것이다. 대한민국이 웃는 그날까지 쭈욱 웃어요!

웃.으.면.행.복.하.고.웃.기.면.성.공.한.다.

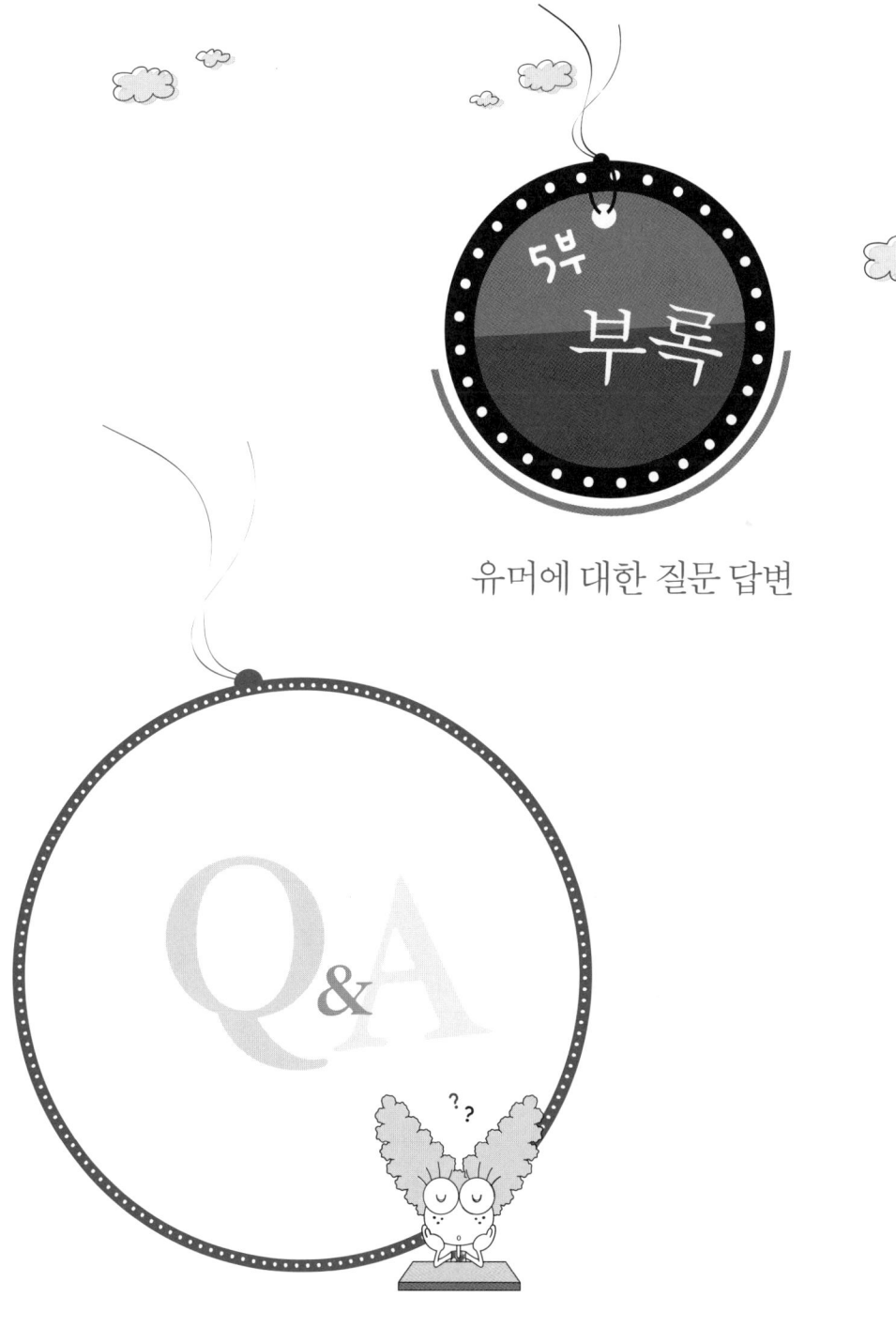

5부 부록

유머에 대한 질문 답변

유머에 대한 질문과 답변

　10년간 기업, 단체, 대학에서 유머경영, 유머리더십, 유머화술 강의를 하면서 정말 연습과 관심이 있으면 유머감각이 향상되느냐, 이럴 땐 어떻게 대처하면 좋은가 하는 질문을 받아왔었다. 때로는 견딜 수 없는 우울증을 겪고 계신 분들의 전화를 받아오면서 나로 인해 그 분들이 생각을 바꾸기를 기도했었다.
　나의 작은 힘으로, 웃음을 잃은 분들이 웃게 되고, 근엄함으로 조직에서 부하 직원들에게 거리를 갖게 하셨던 CEO들이 유머를 활용하게 되었을 때 말할 수 없는 기쁨과 보람을 느꼈다.
　부디 많은 분들이 유머를 활용하면서 직설적이고 상대에게 비수가 되는 말을 피하고 자신의 감정을 삭이며, 서로가 웃게 되기를 바라는 마음이다.
　그동안 강의를 하면서 받았던 질문들을 모아 거기에 적절한 대답을 적어보았다. 꼭 '이것이 맞다'는 것은 아니지만 상대의 감정을 누그러뜨리는데는 효과적이었다고 생각한다.

질문과 대답

Q 버스가 사정상 늦어져서 20분정도 늦게 도착하면 손님들이 막 화를 내는데 거기다 섣불리 유머를 하면 역효과가 나는데 어떻게 말하는 게 좋을까요?

A 인상 좋으신 손님! 기다리시게 해서 너무나 죄송합니다. 제가 오늘은 늦었지만 내일은 꼭 먼저 와서 기다리겠어요.

Q 나름대로 멋을 내고 출근을 했는데 상사가 "미스김! 그옷이 본인한테 어울린다고 생각해?" 라고 했을 때.

A 이 경우는 상사가 말주변이 정말 없는 사람이다. 나라면 미스 김 오늘따라 패션이 끝내주네요. 아마도 분홍색을 입으면 더 멋질 것 같은데요. (이렇게 말하면 분명 옷 색깔이 바뀔 것이다. 만일 이런 소릴 들은 미스 김이 하루 종일 기분 좋게 일한다면 사무실 분위기가 좋아지는 건 당연한 일!)

Q 경찰관이 음주단속을 했다.
"음주운전이군요. 운전면허 좀 제시해 주시죠."
"아니, 저 사람도 음주 운전인 것 같은데 왜 나만 잡아요?"

A "그럼 선생님은 낚시를 할 때 낚시터의 고기를 다 잡아요?"

Q 지하철에서 남,여가 서로 비비고 난리치는데 여자가 더 적극적이자 옆에 있던 한 아저씨가 그 여자를 보고
"아가씨, 어른들이 보고 계시는데 삼가하지 그래? 아니면 안보는데서 하든지"
"어머, 여기만 해도 시골이네. 나참, 내 손가지고 내가 만지는데 왠 참견이에요?"

A "오~ 미안해 내 입가지고 내가 말해서...."

사례 5

Q 결혼이 늦어진 노처녀에게 농담조로 "미스 최, 그 나이 되도록 남자를 안아본 적이 있어?" (이런 질문은 성희롱 발언이기도 하겠지만)

A 어느 사회에 도둑질을 하지 않으면 살 수 없는 어지러운 때가 있었죠. 누구나 도둑질을 했는데 유독 한사람만 도둑질을 하지 않자 사람들이 물었습니다. "아니, 이 험난한 세상에서 어찌 도둑질을 하지 않고 살았습니까?"
"제가 정직해서가 아닙니다. 단지 훔칠 기회가 없었습니다."

사례 6

Q 어느 주부사원에게 사장님이 농담을 던졌다.
"그래 남편의 정력이 어느 정도 인가?"

A "호호호 사장님과 똑같아요." (더 이상 아무 말도 못하겠지?)

사례 7

Q 여자 운전자가 운전을 하고 가는데 옆에서 빵빵거리며 "에이 집에나 있지 왜 나와서 교통 혼잡을 주는 거야?"

A "이사 가는 중이예요"

Q 자넨 사는 적은 없고 꼭 얻어만 먹나?

A 63빌딩이 팔리면 그땐 제가 크게 한 턱 쏠께요.
(얻어먹더라도 언제나 당당하게)

Q 몇 살이나 되셨어요?

A 2학년 26반 (46살)
아니면 20년의 미모와 26년의 지혜

사례 10

Q 유머감각은 노력하면 되나요? 어떻게 해야 늘지요?

A 유머감각을 키우기 위해선 관련도서를 매일 필독하시고, 텔레비전의 코미디, 토크쇼 등 재미있는 프로를 자주 보시는 것도 한 방법이죠.
또한 어느 정도 선천적인 재능도 있어야겠지만 사회생활을 다양하게 경험하면 유머감각은 풍부해지는 것 같습니다.

사례 11

Q 유머가 비즈니스에서 경쟁력이 되나요?

A 무뚝뚝하고 딱딱한 사람보다 유머감각이 뛰어나고 위트가 넘치는 사람은 어딜가나 인기가 높습니다. 처음 만난 사람이라도 재미있는 농담이나 유머를 발휘하면 오래 전부터 알고 지내는 사이처럼 친숙해지기도 하고 서먹서먹한 느낌이 금세 사라져서 상대방한테 좋은 인상까지 주게 되기도 합니다.

'침묵은 금이다' 라는 말이 이제는 '유머는 금이다' 라는 말로 대체되고 있다고들 합니다. TV를 켜면 유머는 더 이상 개그맨들의 전유물이 아니며 토크쇼 등에서 출연해 개그맨 못지 않은 유머로 각광받고 있는 가수나 탤런트들이 많죠. 쇼 · 오락프로는 물론 드라마까지도 온통 웃음판입니다. 해마다 쏟아지는 영화들도 수십 편의 코믹물이 흥행을 주도하고 인터넷 사이트에는 유머게시판이 가장 큰 인기를 끌고 있는데 바야흐로 '유머의 전성시대' 에 접어들고 있다는 느낌이 드네요.

정보화가 빨라지면서 유머의 소재는 더욱 풍부해졌고 유행도 빨라졌어요. 가정, 학교, 직장, 단체 등 장소를 불문하고 사회 전반에 만연해 있는 유머는 이미 우리생활 깊숙한 곳에 침투해 있는 '생활 필수품' 같은 존재가 되었습니다.

치열한 경쟁사회를 살아가는 현대인에게 유머 감각은 곧바로 경쟁력이며, 특히 기업이나 비즈니스맨들에게 있어 유머는 성공여부를 결정짓는 '비장의 무기' 로까지 인식되고 있습니다.
요즘 '블루오션' 이란 말을 많이 쓰는데 지금까지 내가 좀 권위적이고 위엄만을 갖춘 리더였다면 오늘부터 과감하게 그것을 버리고 고가치 창출을 위해 유머감각을 갖추시면 어떨까 싶네요.

사례 12

Q 약간 내성적이고, 소극적인데 한번 친해지면 싸우지도 않고 잘 대해주는 편이에요. 일단 사귀기만 하면 친하게 지내는데… 소극적이다 보니 잘 못 보던 아이를 사귀려고 하면 잘 안 되요. 요즘은 유머감각 있는 아이들이 인기 있던데…
어떻게 하면 유머감각이 생기나요?

A 제 경우를 보면 유머 책을 집안 곳곳에 두고 틈틈이 보는 편입니다. 대부분 유머기법에 대해 고민하는데 저는 기법에 너무 치중하다보면 그것도 스트레스가 되니 기존에 나와 있는 유머책을 많이 읽으라고 하고 싶어요. 많이 알고 있어야 거기서 응용이 가능해지거든요. 예를 하나 들어볼까요? 유머 책에 나온 유머인데, 연예인이 사는 나라가 있어요. 거기에 오색약수가 있는데 그 이름은 : 오연수, 유행하는 전염병 : 최불암, 날아다닌 새 : 양택조, 굴러다니는 돌 : 강석, 현석이었다고 칩시다. 그런데 거기서 응용이 나왔지요. 월드컵 때 볼이 안 터지면 먹는 알약 - 안정환(丸), 축구 경기 때 목마르면 먹는 물 - 이천수(水), 창작은 모방부터란 말이 있듯이 유머를 많이 외우시고 가장 재미있게 웃어 주는 친구에게 그것을 전해주는 겁니다. 누군가에게 말하면서 억양에 변화를 줘보고, 사투리를 섞기도 하며 액션도 활용해 보다보면 점차 실력이 늘 것입니다.

Q 정말 유머감각이 자신의 성공에 영향을 줄 수 있나요?

A 그럼요 얼마 전 신문을 보니, 직장인 86%가 "유머감각이 성공에 영향"을 주었다고 대답했다고 합니다.
직장인 10명 중 8명은 유머감각이 직장생활 성공에 영향을 미친다고 생각하는 것으로 나타났다는 것이죠.

온라인 취업포탈 사람인(www.saramin.co.kr)은 직장인 500명을 대상으로 설문조사한 결과, '유머감각이 직장생활의 성공에 영향을 미친다' 고 생각하는 직장인이 전체 응답자의 85.8%를 차지했다고 밝혔습니다.

또 '유머감각이 뛰어나 실력에 비해 과대평가를 받고 있는 직장 동료가 있다' 고 답한 이들이 전체의 41%를 차지했으며, '자신이 다른 능력은 우수하지만 유머감각이 떨어져 직장생활에서 손해보고 있다' 고 생각하는 응답자는 26.3%를 차지했으며,

자신의 유머감각 수준에 대해서는 '평균' 이라는 응답이 44%로 가장 많았고 다소 떨어진다(24.2%), 꽤 있는 편이다(21.4%), 형편없다(5.4%), 매우 뛰어나다(5%) 등의 순이었다고 합니다.